[美] 科林·斯图尔特 Colin Stuart　文·基特·卢艾 Mun Keat Looi

The Geek Guide to Life

极客生活

我的第一本科学生活用书

图书在版编目（CIP）数据

极客生活：我的第一本科学生活用书 /（英）科林·斯图尔特，（英）文·基特·卢艾著；刘安琪，刘雪，刘白玉译.
—北京：中国青年出版社，2018.1
书名原文：The Geek Guide to Life：Science's solutions to life's little problems
ISBN 978-7-5153-4859-9

Ⅰ. ①极… Ⅱ. ①科… ②文… ③刘… ④刘… ⑤刘…
Ⅲ. ①科学知识 – 普及读物 Ⅳ. ①Z228
中国版本图书馆CIP数据核字（2017）第193186号

The Geek Guide to Life：Science's solutions to life's little problems
Text © Colin Stuart and Mun Keat Looi 2016
Design © Carlton Books Limited 2016
Simplified Chinese translation copyright © 2018 by China Youth Press.
All rights reserved

极客生活：我的第一本科学生活用书

作　　者：〔英〕科林·斯图尔特　文·基特·卢艾
译　　者：刘安琪　刘　雪　刘白玉
责任编辑：肖　佳　庞冰心
美术编辑：张燕楠　李　甦
出　　版：中国青年出版社
发　　行：北京中青文文化传媒有限公司
电　　话：010–65511270/65516873
公司网址：www.cyb.com.cn
购书网址：zqwts.tmall.com　　www.diyijie.com
印　　刷：三河市文通印刷包装有限公司
版　　次：2018年1月第1版
印　　次：2018年1月第1次印刷
开　　本：880×1230　1/32
字　　数：120千字
印　　张：6.25
京权图字：01–2017–1851
书　　号：ISBN 978-7-5153-4859-9
定　　价：42.00元

版权声明

未经出版人事先书面许可，对本出版物的任何部分不得以任何方式或途径复制或传播，包括但不限于复印、录制、录音，或通过任何数据库、在线信息、数字化产品或可检索的系统。

中青版图书，版权所有，盗版必究

contents

前言 ——————————————————————— 007

1 极客专属健康和身体养护指南

热天如何降温——喝热茶 ————————————— 010
如何少吃——通过想象吃得多 ————————————— 013
如何停止咬指甲 ————————————————————— 015
如何克服宿醉症状 ————————————————————— 017
极客感冒发烧指南 ————————————————————— 019
为什么你应该避免有"饥饿感" ————————————— 023
你究竟需要多大的运动量 ————————————————— 025
你究竟需要多长时间的睡眠 ————————————————— 027

2 极客如何在工作与事业中游刃有余

上下班的最佳方式是什么 ————————————————— 034
怎样变得更自信 ————————————————————— 036
如何更好地在公共场合发言 ————————————————— 039
如何提高记忆力 ————————————————————— 042
怎样找到正确的方法从工作面试中脱颖而出 ————————— 044
如何克服拖延症 ————————————————————— 047
如何构建自己的人脉以取得事业成功 ————————————— 051
怎样使自己更具说服力 ————————————————— 053

3 极客如何经营自己的亲密关系

多少性爱才合适 ————————————————————— 058
如何识别骗子 ————————————————————— 060
关于成功婚姻的科学解读 ————————————————— 063

最好的时代：以"计算"定终身 —————————— 065
如何完美处理分手 ———————————————— 069
如何在"探探"（或其他约会网站）上左右逢源 —— 072
如何通过唱卡拉OK和跳舞来交朋友 ——————— 077
何时回复约会信息为最佳 ——————————— 080

4　极客不一定宅，但一定是居家达人

倒番茄酱的最好方法是什么 —————————— 084
如何煮出完美的鸡蛋 ————————————— 086
你该相信"五秒惯例"吗 ———————————— 090
如何泡出口感极佳的好茶 ——————————— 092
怎样给冰箱里的食物分类 ——————————— 094
如何最恰当地在洗碗机里摆放餐具 ——————— 097
如何不再被洋葱呛出眼泪 ——————————— 099
如何让食物更加美味 ————————————— 101

5　极客如何打发休闲时光

石头、剪刀、布轻松制胜 ——————————— 106
如何成为了不起的大富翁玩家 ————————— 109
如何停止脑内循环的音乐 ——————————— 113
如何成为飞镖高手 —————————————— 116
电影院里的最佳座位在哪里 —————————— 118
想在运动场上获胜吗？穿红色 ————————— 123
如何成为打水漂大师 ————————————— 125
如何折出完美的纸飞机 ———————————— 127

6　极客出游宝典

如何不用GPS进行导航 ———————————— 130
如何选择车辆颜色 —————————————— 134
如何应对时差 ———————————————— 136
在雨中应该跑还是走 ————————————— 138
如何学习另一种语言 ————————————— 140

目 录

何时买机票更划算（以及如何选座位） …… 142
交通堵塞时应该变道吗 …… 146
如何堆出最好的沙堡 …… 149

7　极客的务实金钱观

如何在超市里省钱 …… 152
如何讨价还价 …… 156
如何存钱 …… 158
如何分账单 …… 160
如何在饭店里消费更低 …… 162
一个人需要多少财富才能幸福 …… 164
购买消费体验而不是购买物品 …… 167
为什么要把钱捐给慈善机构 …… 170

8　极客的技术执着与信仰

在易趣（eBay）上买卖的最佳策略 …… 174
如何避免耳机线打结 …… 177
看哪种书更好：纸质书还是电子书 …… 179
改善Wi-Fi信号的方法 …… 181
如何选择一个好密码 …… 183
电子游戏对你有好处吗 …… 187
社交媒体对我们真的好吗 …… 189
如何在社交媒体上取得成功 …… 192

剪切备忘单并保留

INTRODUCTION
前言

"上帝会祝福极客,因为他们会主导世界。"

极客,名词,
是指"在某个领域或在某种活动中
具有狂热兴趣和特殊技能的人"。

在过去,凭借发达的肌肉就能获得成功;但在现代社会,只有聪明的大脑才能主导世界,即使这些大脑有时候仅仅痴迷于科学幻想、漫画书和角色扮演,这是因为只有极客才狂热地精心设计我们的现代技术社会。莱特兄弟(飞机发明者)是极客,史蒂夫·乔布斯是极客,比尔·盖茨也是极客,他们都是极客的代表。蒂姆·伯纳斯·李、马克·扎克伯格、伊隆·马斯克也都是一流的极客。

极客曾经是个贬义词,是指有一定鬼才且性格古怪的少数人,时不时会恫吓或取笑不入流的人们。然而现在,极客却是个褒义时尚词:被重新定义为荣誉的象征。眼镜是时尚的代名词,连环漫画书的英雄获得高票房,科学家成了非常流行的喜剧的主角。在当今社会,视频游戏比电影更受欢迎。

一代又一代极客人满怀激情,竭尽全力,用自己的聪明才智引领世界走向快速发展的互联网时代、智能手机时代、平板电脑时代、无人驾驶时代和虚拟现实耳机时代。人们在月球上行走,人造物质离开了太阳系。患癌症的比率在下降,天花病已经根除,我们不久就会找到根治艾滋病的解药。我们不可遏制的好奇心带领我们走向其他星球,透彻地了解了原子,探索了海洋,研究了我们生命的DNA。

但是,科学家不仅仅深深探索并解答了这些存在的问题,他们还用科学的方法探索人生的意义。他们的发现能够帮助我们了解生命的旅程。当今的人们活得非常艰难,因为没有一部人类生活指南。不过现在有了,这本书就是你的生活指南。我们收集了大量科学文献,这样就不用你劳心费神了。通过精心编辑期刊论文,我们带给你一套完整的人生课程,涉及物理、化学、生物、心理学、经济学和行为科学等。书中没有自我修养之类的说教,只有同行专家评议或科学数据支撑的观点,给你前进中的人生一些忠告和提示。

加入到我们的人生旅程中吧,让极客这本书提供给我们一些有价值的日常生活建议。此书涵盖了生活的方方面面,包括厨房做饭、上班通勤、职业发展、个人自信心等。欢迎你们一起来看。

第一章

To Life

极客专属健康和身体养护指南

CHAPTER 1

HOW TO COOL DOWN ON A HOT DAY — DRINK HOT TEA
热天如何降温——喝热茶

当你感到很热时,你就想喝冷饮,对吧?但在像印度这样潮湿的国家,很多人感到热时不喝冷的饮料,而是喝一杯热茶,为什么?

加拿大渥太华大学的科学家们将这种反常的现象进行了实验。奥利·杰伊和他的同事请来12位男士,让他们按照合理的速度骑自行车75分钟,并给他们三种饮料:一种是冷的(1.5℃),一种是体温的(37℃),一种是热的(50℃)。在进行骑车实验之前,让他们都尝一小口,然后在锻炼过程中喝三次。杰伊和他的团队测量了骑自行车者身上不同部位的温度(这些不同部位是:皮肤、耳孔、肠道),并且测量他们在额头、上背部、前臂出了多少汗。

无论喝何种饮料,体温基本都差不多,但喝不同的饮料对于出汗却差别很大。这就是问题的关键:来自你额头的汗和湿透你衬衫的汗在蒸发时带走了热量,这样你就感到凉快了,出汗是你防热的最好方法,也是身体最有效的降温方法。

这就是热饮的作用。它们增加的热量,提高了你身体的温度,让你出更多的汗。喝热饮出的汗比热饮本身增加的热量要多,这样就凉快了。

在第二次实验中,只给骑自行车者冷饮和热饮。但这次不能喝下去,而是在嘴上噙15秒。其他人直接喝

HELLO,WORLD

极客专属健康和身体养护指南

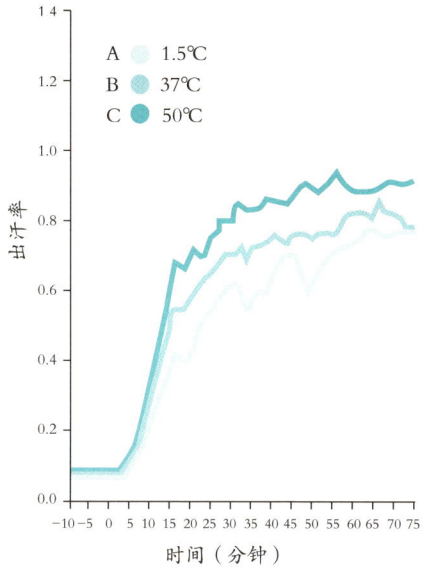

骑自行车者喝三种不同温度的饮料所显示的出汗率与时间对比:冷饮(A),体温(B),热饮(C)。

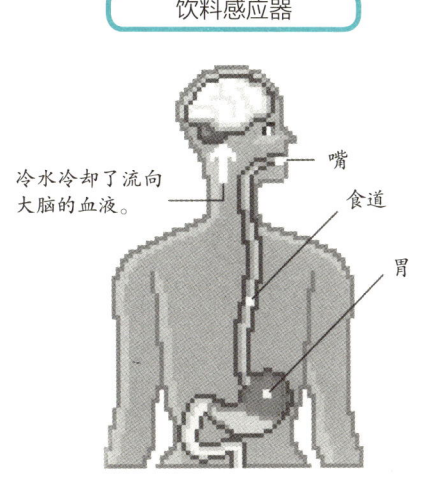

嘴、食道和胃里有内部温度感应器,在冷水和热水的刺激下能够做出反应。冷水冷却了流向大脑的血液,这是核心体温产生知觉的地方。

下去(像用一个胃管将饮料送到胃里)。目的是什么?这个实验再一次表明,我们的身体内外都有温度感应器。

在嘴上嘘热饮料或冷饮料对骑自行车者的出汗没有任何影响。而喝下去(即,通过管子直接送到胃里)却有很大影响,说明触动出汗机理的温度感应器在胃的内部。

但是,请等一等。当你在夏天想喝热饮时,请记住:出汗会让你降温,但同时也会让你脱水(因为出汗也从你身体带走了水分)。所以,当你的身体已经出了很多汗,如骑自行车或者做类似的体力运动时,有些热饮就不能喝,譬如咖啡。在这些情况下,你很可能让身体出汗达到顶峰,从而出现虚脱现象,这就得不偿

极客专属健康和身体养护指南

失了。不同的饮料对出汗的作用是不同的。有些饮料，如冰沙怪，或者热苹果汁会对体温产生巨大影响。研究表明，吃冰淇淋所引起的热损失比一杯普通冷饮大五倍，吃热布丁所增加的热量是一杯普通热饮的七倍。

所以，如果你在阳光下慢跑，喝一瓶冰水是最佳选择；但如果在炎热的夏天，你坐在大树下乘凉，那么，喝一杯热茶会让你快速降温。

HOW TO EAT LESS — BY IMAGINING EATING MORE
如何少吃——通过想象吃得多

> 我们时不时地会屈服于食物的诱惑，尤其是在一些特殊场合，譬如在电影院看电影时，我们禁不住要吃一包爆米花，或者在回家的路上，会不自觉地买一包薯条。抵抗诱惑是意志力的表现。科学告诉我们，实际上我们能够避免吃一整包爆米花或薯条——方法是，运用一点想象力。

美国宾夕法尼亚州匹兹堡市的卡耐基梅隆大学的心理学家凯里·莫尔维吉教授和他的同事邀请51人吃M&Ms巧克力豆和奶酪，当然不是在同一时间。他们请一半的人想象着吃30颗巧克力豆，请另外一半的人想象着吃3颗巧克力豆，想象完后大家可以尽情地吃巧克力豆，愿意吃多少就吃多少。

结果怎么样？想象吃得多的人平均吃了3颗巧克力豆，而想象吃得少的人平均吃了5颗巧克力豆。

话虽如此，但在你想象着吃一大碗巧克力花生之前，吃多少还取决于你要吃的食物类型。研究者对吃M&Ms巧克力豆的志愿者做了另一个实验，但这次给他们奶酪。这个实验结果并无区别，那些想象着吃30颗巧克力豆的人和想象着吃3颗巧克力豆的人吃的奶酪相同。但是当一组人让他们想象吃了30块奶酪后再吃奶酪时，他们吃的奶酪却比从前的实验少得多。

被问及原因时，志愿者说，精神想象并未改变他们对该食物的喜好，却影响了他们想吃多少。在最后一次实验中，志愿者被要求通过玩电脑游戏来赢得奶酪，结果是，人们似乎不太努力去赢这些奶酪。

这些发现表明，反复展示给人们同一种食物（在此实验中，是反复吃同一种食物）会降低人们对这种食物的渴望。心理学家把这种现象称为适应性，这种习惯抑制了人们的食欲，这与其他生理现象，如血糖水平高和饱了的胃的道理类似。

不可否认的是，做白日梦不能让你快速减肥。但是，这项有益的运动能够让你减少吃零食或者吃饭时吃得更少。花几分钟时间想象一下你要吃的食物会抑制你的食欲，或者至少让你吃几口后就感到满足。

为什么有些电影会让我们多吃零食

如果你想在看电影时少吃零食，则要注意你在看什么类型的电影。康奈尔大学的研究表明：与看喜剧电影相比，观看催人泪下的电影人们会吃更多的爆米花。

随机抽取30位电影爱好者观看两部电影：一部是浪漫喜剧《情归阿拉巴马》；一部是催人泪下的史诗爱情片《爱情故事》。要求他们每天看一部，两天看完。在看电影期间，给他们每人一小桶爆米花和一瓶饮料或一瓶水。

令人吃惊的是，观影者观看悲剧片《爱情故事》比看喜剧片《情归阿拉巴马》多吃了28%的爆米花。为什么？这可能是由于爆米花是一种安慰食物。众所周知，当遭受身体痛苦或者精神抑郁时，人们往往会选择多吃富含脂肪和糖分的食物，譬如爆米花。这类富含不健康养分的食物可产生反馈效应，会抑制大脑中引发压力及相关情绪的荷尔蒙的部分活动。

HOW TO QUIT BITING YOUR NAILS
如何停止咬指甲

尽管咬指甲被很多人厌恶，但这却是一种非常常见的现象。研究表明，约有20%的美国人有咬指甲的习惯，而且这是一个自古希腊时代至今人类就一直沉溺其中的习惯。

  咬指甲当然并没有实质性的害处，尽管有时候我们认为的确有些害处。心理学家曾经认为，咬指甲如同拔头发一样，是中度自我伤害或自我厌恶的一种表现。但最新的理论却认为，咬指甲是分心的一种表现，是一种刺激，或者一种放松，这似乎更符合实际。无论如何，正如研究者所指出的那样，咬指甲的原因或是刺激不够（**无聊**），或是刺激过度（**激动或压力过大**）。当然，手一直就在附近，咬起指甲来也方便。所以，咬指甲要么是为了刺激，要么就是因为无聊。吸烟者的道理大致也是如此。

  当然，在动物王国里，我们不是唯一喜欢这样做的动物——想一想，有多少猫喜欢舔自己的毛来整理仪表。研究还发现，聚焦于自己的身体重复做一件事情的人，譬如咬指甲，属于完美主义者。修指甲会大大地提高对自己的满意度。经常这样做会使其成为一种习惯。

  所以，我们知道我们为什么咬指甲，但咬指甲真的是不好的习惯吗？一般来讲，这并不是非常有害的习惯，但是你的手在不停地捡各种东西，摸各种东西，这样指甲上就集聚了很多细菌，咬指甲就会让这些细菌乘机进入你的身体。皮肤上的汗也会导致感染。所以，如果你有咬指甲的习惯，并且非常严重，你最好戒掉它。

  心理学家提出了很多戒掉咬指甲的方法，但一切都要找到事情发生的源头。首先，想一想，究竟是什么原因导致你咬指甲？然后，改变这个环境，或者找到不咬指甲的替代物。喜欢在看电视时咬指甲？嚼一块口香糖，或者出去踢球。在经常咬指甲的地方贴小纸条告诉自己要戒掉咬指甲，这种提示方法非常有用。

如果是某种情绪，譬如挫败感让你咬指甲，那么就要认识到你在什么情况下会有这种感觉，并且有意识地做点其他事情；清理厨房，或者出去散步，让手紧紧插在运动衫或套头衫的深口袋里。另外一个选择是，你可以故意让咬指甲付出痛苦的代价，譬如有些人故意在指甲上抹上一层尝起来很难受的油。

看看哪些方法适合你，或者其中的几种方法综合起来使用也许更有效。最重要的是，请记住：偶尔一次做不到并不代表你失败了。你坚持不咬指甲的忍耐力越长，就说明你改掉咬指甲的意志越坚定。

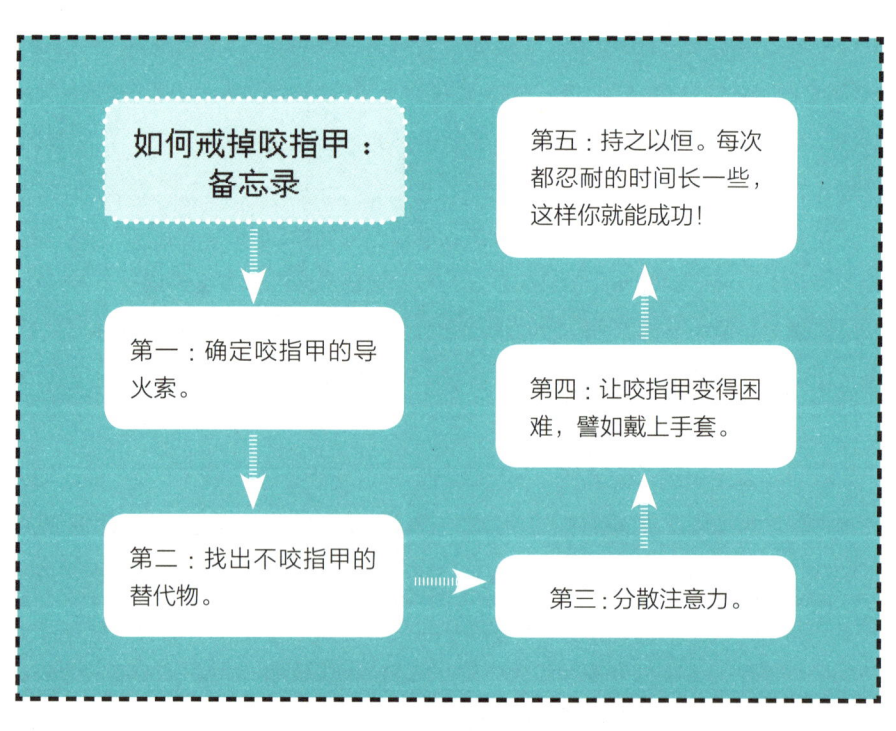

HOW TO CURE A HANGOVER

如何克服宿醉症状

> 如果你长大了，到了可以喝酒的法定年龄，最可能发生的事情是：你会经历醉酒的痛苦。为什么即使你酒醒了，仍然感到特别难受——头疼、头晕、疲倦、肚子疼、出汗、口渴、恶心呢？

可惜的是，科学还不能解释为什么会这样。然而，已经有了一些好的观点。第一，酒精是理所当然的毒药。酒精分解的第一个副产物是乙醛，其毒性是酒精的10至30倍。研究发现，醉酒的人其血液内不仅乙醛含量高，而且含有更高数量的细胞因子——在抵抗感染时，通常被免疫系统用于应对（引起发烧的）炎症的一种信号分子。如果饮酒过量，则会导致大量的细胞因子做出反应，从而产生肌肉疼痛、疲倦、头疼、恶心等症状。

宿醉的严重程度取决于喝酒人本身的情况。身材是否高大表明你能够吸收多少酒精（酒精分解）。此外，人种也与此有关。如果你是东亚人，那么很不幸，你的基因有可能会发生变异，使得乙醇脱氢酶（一种可分解乙醇的酶）将酒精转变成脱氢酶，这种酶能将酒精分解，这就像给你一个涡轮增压器，在制造乙醛方面超级有效。更不幸的是，有些东亚人还有一个变异，将下一步的速度放慢——将乙醛变成醋酸。所以，他们不得不忍受更长时间的过量毒素，这就导致很多亚洲人喝酒容易脸红，并且宿醉时间更长、更痛苦。

可是，我也听见了你的喊叫，如何消除宿醉？很可惜，

科学目前还无法解答这个问题。但最有效的方法也最显而易见：第一，不喝酒；第二，如果要喝，则适度；第三，喝酒的速度要慢，尤其对于身材矮小者。多喝水，酒精是利尿剂（意思是它会增加排尿量）。很可能的情况是，你整晚喝啤酒或葡萄酒，你就没有办法再喝足够多的水去醒酒。这就是为什么醉酒后你会感到口渴或者头晕眼花。

有一句谚语：空肚子别喝酒。当然，这不是你不喝酒的理由。食物不会吸收酒精，但如果消化系统中有东西，就会降低你身体吸收酒精的速度，这样你醉得速度就慢。

防止宿醉的七种科学方法

- 不要喝酒。
- 如果必须喝，那就喝得适量，而且放慢速度。
- 记住你自己的身材，如果你个头较小，不要和个头大的人一对一地比着喝。
- 看看喝什么酒，不要喝混合酒。
- 记住要先吃点东西。
- 多喝水。
- 多休息。

还有一种情况是，看喝什么酒。有些酒，譬如威士忌，明显比啤酒含有更多的酒精，尤其在你不加冰或者不加水喝时。有些酒有较高的被称为"同族元素"的物质——在发酵过程中产生的一种微量化学品。研究表明，黑色的烈酒，譬如波本威士忌，就有较高的同族元素，与没有同族元素的无色伏特加酒比起来，喝起来就会更加上头。

有一种叫甲醇的同族元素，在威士忌和红酒里含量最高，在所有的酒精都散去后，仍然留在人体里，也许这就是宿醉时间长的主要原因。这也说明了，为什么有人说不能喝混合酒，各种各样的同族元素会产生更大的反应，更容易醉。但这不能解释按照顺序喝不同的酒是有益的观点。所以，有句老话，"先喝啤酒，再喝红酒有益于健康。"现在看来，这句话是错误的。

THE GEEK GUIDE TO COLOS AND FEVERS
极客感冒发烧指南

我会因头发湿而感冒吗

湿着头发去寒冷的室外会得重感冒,这是个常识。但任何一位聪明的极客都明白,"感冒"实际上是由病毒引发。这样说的话,洗完澡后直接冲到室外真的会增加感冒风险吗?

简单来说,答案是不会,或者不一定会。针对这一点,有科学家做了项实验,人为降低参与者体温,并让他们暴露在充满病毒的环境中(必须声明的是,所有参与者都是自愿参加实验的志愿者)。然而,此项研究并没有得出任何有用的结论。

另外,其他科学家也在研究湿冷环境是否会激活病毒。英国加迪夫感冒中心的研究人员(没错,的确有这样的机构)召集了180名实验参与者,他们让其中90人(再次声明,他们都是志愿者)赤脚在冷水里浸泡20分钟,让剩下的90人则穿着鞋袜坐在干燥的澡盆里。四五天后,当研究人员向每个实验者确认结果时发现,声称自己感冒的人员中,泡过冷水的人数是未泡过冷水的两倍之多。

需要说明的是,这只是参与者自己的片面之词,并没有医疗诊断证明他们真的感冒了。但至少我们可以得出这样的结论:湿冷环境的确是造成感冒的因素之一。

支撑这一结论的原理是,一旦体温下降,鼻喉中的血管便收缩,血液流动变缓,而这些血管同时也是白细胞流动的主要通道,白细胞就像抵抗细菌侵入人体的护卫兵,如果道路堵塞导致它们无法抵达前线,人体的抵御能力就会降低。身体环境变得干燥并暖和起来时,血管就会再次畅通,白细胞也能到达需要它们的地方了。但那时,细菌可能已经侵入身体并且开始繁殖,于是你就会出现打喷嚏、鼻塞、流鼻涕、咳嗽等症状。这是因为身体正在与细菌抗争并努力把它们赶出体内。

因此,现有证据显示,湿头发不会让你感冒,但湿头发可能会激活体内正处于休眠状态的病菌。所以不管你有多着急，有多懒，最好先弄干头发，将自己包裹严实再出门。

我该擤鼻涕吗

这听起来可能很蠢，感冒的时候，如果鼻塞严重到呼吸困难甚至感觉自己快要窒息，为什么不能擤鼻涕？

弗古尼亚大学的科学家们想一探究竟，于是做了个简单的实验，他们找了四名志愿者，分别测试鼻子在他们打喷嚏、咳嗽以及擤鼻子时所承受的压力。

结果发现，鼻子在人们打喷嚏和咳嗽时受到的压力与正常呼吸时所受的压力相同，但擤鼻子时所受的压力则与之不同。每次擤鼻子时，你不仅能擤出一毫升的鼻涕，而且鼻窦中也会产生一毫升的鼻涕。

至于这究竟会对人体产生多大影响，目前科学家还不清楚。但研究人员表示，擤鼻子的确影响了体内黏液的排泄系统。但科学家们则更关心擤鼻子是否会导致细菌和病毒侵入鼻子内部。

当然，我们难免会忍不住地想去擤鼻子。而且鼻涕是身体排出细菌和病毒的一种方式，因此擤鼻子事实上是对人体有益的。所以，如果你必须擤鼻子的话，轻一点儿，一次擤一个鼻孔，先吸一口气，然后一次擤掉。

感冒应多吃，发烧应少吃

感冒时，多吃东西能产生热量，发烧时，挨饿会有助于降温，这简直是无稽之谈。虽然听起来很有逻辑，但科学证明，这是完全错误的。

实际上，不管生哪种病，都应该吃东西。生病时，身体需要能量来抵抗疾病，所以必须吃好。的确，吃东西会产生热量，会让身体变暖。当你在消化这些食物时，会产生能量及热量，进而转化成脂肪储存在体内。在感冒方面，这个说法还是有几分道理的，但对于发烧本身而言，则纯属谬论。

发烧其实是身体抵抗疾病的一种自然反应。这个说法的科学依据是，体温升高有助于消灭病毒。而且,由于体温每升高一度需要一定的能量支撑,因此,发烧会促进人体的新陈代谢并消耗更多卡路里。所以,摄入食物——满足这种能量消耗是十分必要的。

吃很重要,但更重要的是喝。或许发烧和感冒时浑身出汗的场景仍让你记忆犹新,所以即使你可能毫无食欲,但补充这些流失的体液非常重要。

喝水能帮你排出引起咳嗽和鼻涕的黏液。产生黏液是身体赶走细菌的一种自然方式。然而,当肺部、鼻子、喉咙都很干燥时,黏液就不会流动甚至是硬化,从而使得病菌等物质无法排出。所以,保持身体环境的湿润以便黏液流动是非常必要的。

解决干燥问题的好办法就是喝汤。这样我们就能理解我们听到的另一些说法——鸡汤包治百病——这是治疗伤风流感的老方法。因为鸡汤里含大量卡路里,可以补充身体水分,同时暖暖的蒸汽能湿润干燥固化的黏液。实际上,任何热汤和热饮都有用,那么,生病时为何不享受一杯美味的热饮呢?

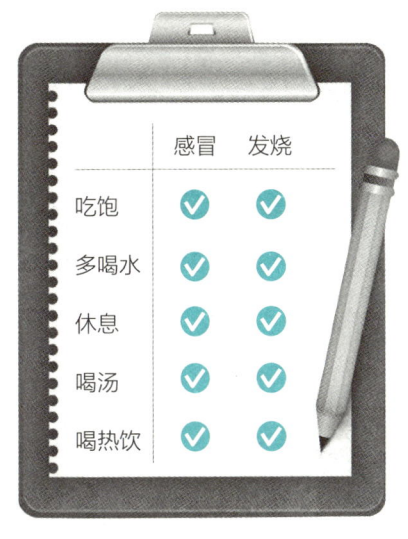

	感冒	发烧
吃饱	✓	✓
多喝水	✓	✓
休息	✓	✓
喝汤	✓	✓
喝热饮	✓	✓

为什么生病可能会毁了你的假期

我们都有过这样的经历,长时间辛苦工作后终于说服老板准了两周的假,于是蹦蹦跳跳地出了门,兴高采烈地拖着行李飞奔机场,然后就开始打喷嚏,结果落地之后觉得无精打采、情绪不稳,机场工作人员也对鼻涕邋遢的你敬而远之。于是,接下来的几天你就只能待在酒店里,鼻子里塞满卫生纸，除了看电视再没有力气做任何事情。

这就是心理学家所说的"休闲病[①]"，它每次都毫无防备地出现，然后无情地毁掉我们难得的年假。科学理论对于这一现象有几种解释，其中的一种是，你完全地放下了防备。的确，在假期，尤其是在工作结束之际，当你怀着一种急切的期待匆匆忙忙地搞定一切收尾工作时，人的免疫系统就会变得十分混乱。更不用说当你收拾行李准备出发的时候了，免疫系统会在这个时候变得更加紊乱。但是，这一说法还没有得到任何科学的证明。

对旅行的渴望、大众化的航空出行以及全球化的旅行趋势使得越来越多的人加入游客的行列，与此同时，各种细菌病毒也随之大范围地传播。想想吧，通常旅行的第一站就是全球新型病菌密集的机场，排队、过安检、购物、上洗手间，等等，你都会接触到这些病菌。

在机场等了几个小时后，终于登机了——进入了一个密封的金属管道里，而且可能你在这个密封的环境下待的时间比在机场里待的时间还要长。此外，和你共处一室的是几百个健康程度各异的乘客。更重要的是，你在飞机里的时间可能长于你预计的时间。而且在高空中，气温下降为流感和伤风病毒创造了一个绝佳的生存环境。至于它们为什么能在低温环境下生存，原因尚不明确。制冷设备有过滤空气的作用，同时也有干燥作用，恰巧环境的湿度低会加速病毒传播。并且，面对周围的人你根本无能为力。在高空，你也无处可去，只能被困在一个充满着被周围乘客咳满细菌病毒的环境中，而且这些细菌病毒还会扩散，附着在座位上、门上、窗帘上，以及你周围其他的一些无法移动的物体上。

科学家们明明知道不断发展的全球化旅行不仅会带来大规模的旅客出行，更会加速病毒传播。但很不幸的是，他们对此也无能为力。所以如果你想旅游的话，不妨先接种流感疫苗再去冒险。

- - - - - - - - - - - - - - - - -

[①] 英文是leisure sickness，是由荷兰蒂尔堡大学心理学教授Ad Vingerhoets命名的。其症状包括恶心、疲惫、头痛以及重复感染等，周末或假期初期工作压力刚解除的时候，这些症状就会出现。

WHY YOU SHOULD AVOID BEING "HANGRY"
为什么你应该避免有"饥饿感"

这种感觉你应该知道：饥饿会让人愤怒，这大概是因为身体正在渴望获取营养。但是"饥饿感"不仅是在潮人和新时代医生里产生的一种新时尚：科学研究表明，饥饿感会影响心情，从而给你带来不良的影响——甚至会影响那些几乎天天都要和你见面的人。

2014年有项研究，107对夫妻参加了为期三周的实验研究，科学家测试他们在参加不同活动时的心情。在俄州国立大学，布莱德·布什曼①带领的研究员发现，当研究对象血糖低时，他们对配偶更愤怒更咨啬（如果你对怎样测试他们的愤怒值感兴趣的话，那么方法就是给每个研究对象一个伏都教姥姥②。让他们把姥姥当成自己的配偶，可以用针扎姥姥来泄愤。结果发现饥饿的人更容易把针扎在姥姥身上）。实验人员让配偶的一方去强迫另一方忍受刺耳且难听的声音，如手指甲划黑板声和磨牙声等，然后测试他们能忍受这种压迫的程度，结果发现，饥饿的人更具有攻击性。

在布什曼领导的另一项研究里，研究人员让62名志愿者喝了一杯东西，然后让他们匿名和同性参与者比赛。重要的是，参与者赢了之后可以设置对手需要承受的白噪声③的分贝——在实验室里，这是个用来测试攻击性的方法。结果显示，喝过柠檬水的人设置的白噪声分贝值比喝镇定剂的人低。

在相似的研究中，研究人员要求参与者玩一个极具难度而不可完成的游戏，结果显示，喝到含糖饮品的研究对象情

绪比较稳定。其他研究人员给研究对象注射胰岛素以降低血糖——结果发现这些研究对象情绪比较不稳。

原因何在？因为大脑是耗能最大的器官，单糖如葡萄糖是它的能量剂。当血液中的含糖量下降时，大脑处理问题的能力也就随之下降，这样你在努力集中注意力、练习自我控制能力或做其他脑力工作时便会遇到问题。其他同类研究的数据显示：那些不擅于控制自己血糖的人更容易表现出不良行为。但是，切记，有联系不总代表这就是造成结果的原因。人们控制葡萄糖的能力有强有弱，所以血糖低对人的影响也不尽相同，而且人也会受到其他因素的影响，比如说基因。不管怎么说，明白血糖与人的行为之间的联系有助于我们采取相关的调节措施，这也可以是你感到轻微的血糖降低时吃点小零食的好理由。

---

① 研究合作作者、美国俄亥俄州立大学交流和心理学教授。
② 伏都教，又译"巫毒教"，由拉丁文Voodoo音译而来。源于非洲西部，是糅合祖先崇拜、万物有灵论、通灵术的原始宗教，有些像萨满教。伏都教也是贝宁的国教，有60%的国民，约450万人信奉。流行于西起加纳东迄尼日利亚的西非诸国，信仰的民族有芳族、约努巴族等，也盛行于海地与加勒比海地区，美国南部路易斯安那州及南美洲。"伏都"在芳语中是灵魂的意思。
③ 白噪声是指在较宽的频率范围内，各等带宽的频带所含的噪声能量相等的噪声。

HOW MUCH EXERCISE YOU REALLY NEED
你究竟需要多大的运动量

的确,运动有益于身体健康,能提高免疫能力,而且还能减肥。此外,还有一些很实在的好处:有项65万瑞典人和美国人参与的研究发现,有适度运动习惯(每天半小时,一周五次)的人比没有这种习惯的人平均寿命要长三到五年。

即使我们知道运动有好处,可大多数人还是不愿花一小时在健身房运动。现在,好消息是,你不用花这么长时间运动也可以达到同样的效果。

温启邦[1]和一个来自中国台湾健康研究所的团队想知道多大运动量就能对人体产生有利影响,于是他们做了一项历时八年针对40万人的研究,结果发现,每天运动十五分钟能比不运动的人平均多活三年,即便考虑到不同生活方式如吸烟、患糖尿病等因素,研究结果仍然成立。

数据显示,研究期间,每天运动的人比不运动的人死亡率可能低14%,在这些不运动的人当中,死于癌症的人中有九分之一原本是可以避免死亡的。再者,在此基础上每天多运动十五分钟更有好处,尽管似乎前十五分钟的运动才是最有效的。

还有个更好的消息,如果不喜欢特意锻炼,随意的运动也是可以的。这就意味着不必每天挣扎着到十分寒冷的室外跑步,也不必在健身房正儿八经地锻炼。专家建议的运动方式是快走——就是那种约会要迟到时的速度就可以。或者去公园遛狗、跳舞、陪孩子玩——关键是找到自己的兴趣,这样才能坚持不懈地做下去。

当然,有些人喜欢高强度锻炼,有些人花一半的锻炼时间就能达到同样的健身效果。人们会在锻炼之后感受到一种强烈的快感,通常来说,这是件好事,尽管也有研究显示,过度锻炼对身体有害。例如,剧烈地跑步会对心脏产生压力,反而无法达到锻炼身体的效果。当然这一结论还有待考证,但从生理上看,休息和运动同等重要。

首先,为了使自己更强壮,我们需要休息。"休息"时,身体会修复因锻炼而损伤的肌肉纤维,并且把它们重新连接使之变成更强健的肌肉。但没日没夜的锻炼使得身体得不到适当的休息,甚至会给身体造成损伤,如引发网球肘[2]和肌腱炎[3]。并且过度锻炼也会让你觉得疲惫不堪,更容易造成肌肉拉伤,跌倒或其他损伤,更不用说会让自己身心俱疲

小贴示

1. 任何运动都有用,比如遛狗、跳舞和打扫房间——没必要去健身房。
2. 运动有节制。
3. 不要忘记休息——休息和运动同样重要。

了。但就运动本身而言,锻炼越多越容易受伤,特别是在疲惫的时候。

所以要清楚自己的运动极限,同时也要督促自己。这意味着也要逐渐制订适合自己的运动计划,不要一开始运动就想挑战自己的极限。最后,要切记,重要的不是你实际的运动量,而是要做到适度运动。

仅需十五分钟

每天运动十五分钟足以延长三年寿命。

---

① 英文名Chi-Pang Wen,中国台湾卫生研究院,名誉研究员。
② 网球肘(肱骨外上髁炎)时肘关节外侧前臂伸肌起点处肌腱发炎疼痛。疼痛是由前臂伸肌重复用力引起的慢性撕拉伤造成的。
③ 肌腱是连接骨骼与肌肉的强韧的纤维结缔组织。肌腱炎通常是指由于肌肉纤维过度使用,反复强烈牵拉而引起肌腱胶原纤维退行性病变,除了累及肌腱本身,还可以累及腱鞘。

HOW MUCH SLEEP YOU REALLY NEED
你究竟需要多长时间的睡眠

> 我们都爱睡觉,但大多数人都很难做到早睡早起。咖啡、功能饮料、灯光及手机都是影响作息的因素,难怪绝大多数人都不能保证每天八小时的睡眠,尽管实际上我们一生中有三分之一的时间都在睡觉。

睡眠不足会造成严重的后果:无法集中注意力,情绪萎靡,焦虑不安,如果长期睡眠不足还会提高患糖尿病、高血压和肥胖症的风险。但睡眠过剩也会带来同样的问题,所以,一个嗜睡的金发女郎可能会问,那我到底睡多久才合适呢?

美国国家睡眠机构研究了320张调查问卷后,依据不同性别、年龄和生活方式给出了有关睡眠时间的最新指导。

成年人 15到64岁,每晚睡七到九个小时正合适。当然,究竟睡多久能完全休息好还取决于个人情况。对于65岁以上的老年人,需要的睡眠时间相对较少,7到8小时足够。孩子(6到9岁)一般需要9到11小时,青少年一晚睡8到9小时就足够了。

说到睡眠,这确实是一件十分重要的事。充足的睡眠能让你做好其他事情,你不能等所有工作都做好后才休息。

为什么周末不要睡懒觉

对所有努力工作的极客来说,这是个普遍问题;经历了

HELLO, WORLD

一周的熬夜工作后,难道我不应该(或者说,值得)周末好好补个觉吗?但是,如果你养成了周末睡懒觉的习惯,对身体的伤害可能远远超出你的想象。

改变睡眠时间时,例如从工作日的晚11点到早6变成周末的晚2点到早10点然后循环往复。这实际是在三个时区内不断转换,没错,你会因此患上时差综合征。

美国匹兹堡大学的心理学家做了项研究,他们利用睡眠监测器(绑在研究对象手腕上)、血液测试和健康评估方法研究了490人的睡眠状况。研究表明,大多数人周末会晚睡而且睡觉时间稍微多于平时,这很正常。但让我们惊讶的是,那些大幅度改变睡觉时间的人往往

建议睡眠时间

7-8 小时	老年人 >65岁
7-9 小时	成年人 26-64岁
7-9 小时	年轻人 18-25岁
8-10 小时	青少年 14-17岁
9-11 小时	学龄儿童 6-13岁
10-13 小时	学前儿童 3-5岁
11-14 小时	学步儿童 1-2岁

七个帮助睡眠的小技巧

1. 严格遵守作息表,周末也一样。
2. 睡前先放松放松,如读一会儿书。
3. 每天运动。
4. 改善卧室环境,调整合适的湿度、声音和灯光,选择舒适的床垫和枕头。
5. 警惕影响睡眠因素,如酒精和咖啡因。
6. 睡前关闭电子设备——睡前不要玩电子产品并确保它们不会影响你睡觉。
7. 以睡觉为重。

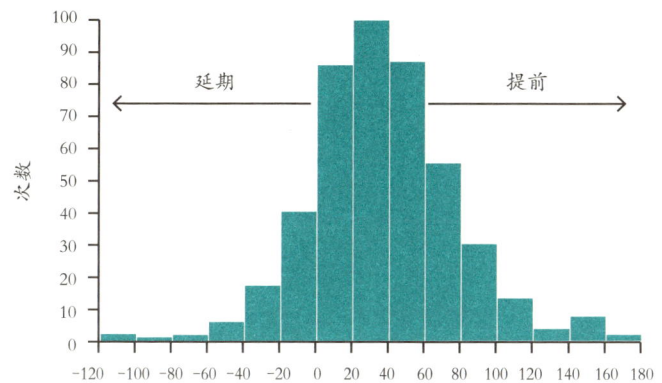

实验参与者的睡眠周期改变（以他们两种睡眠时间的中间点为基点），周末与工作日的睡眠时间差为两小时或两个多小时。

腰更粗，体质指数①更高，而且还会出现其他一些激素反应，如抗胰岛素，这些迹象显示他们患糖尿病、肥胖症和心脏病的概率更高。即便考虑了不同的生活习惯如吸烟、运动等因素的影响后，这种联系依旧很明显。与此同时，欧洲有项研究了65000人的实验报告显示，存在2小时以上睡眠时间差的人中，有三分之一的人体重超重的可能性更大。也有研究表明，睡眠不足会影响大脑的化学平衡，引起饥饿。我们体内有一种物质，它有一个可爱的名字叫作内源性大麻酚类，这种物质会让我们想吃很多高热量食物，当我们睡眠不足时，大脑中的这种物质的含量比平时高得多。

休息好了，身体才能保持固有的生物钟并为第二天做好准备——例如，早上能产生更多的胰岛素，能做好准备消化早餐。这种时间感（称为昼夜激素）调节着我们的身体器官、各种系统，甚至会影响我们的基因。动物研究实验表明，这个极其重要的作息节奏一旦被打破，细胞将会储存毒素。当原有时间模式被打乱，我们就会在身体没准备好的情况下进食，会在身体不需要休息的时候睡觉，这对身体有害无益。

困的时候也不要过度依赖咖啡。有研究表明如果睡前三个小时喝一杯意式浓缩咖啡,身体生物钟会调后40分钟左右。

如何小憩最合适

比尔·盖茨特别强调人需要小憩,也有实际研究证明小憩的重要性。无论是在提高注意力还是在提高记忆力方面,它的作用都超乎想象,所以让我们选择正确的小憩方式吧。

1.下午小憩。在早上起床六七个小时后——对大多数人来说是在下午两点左右,人的精力会下降,这时正是小憩的最佳时间,并且不会打乱生物钟。

2.小憩时找个舒服、安静、无光的环境。调查显示,这些因素能有效地帮你容易、快速地入睡。

3.计算小憩的时间。睡眠状态下,大脑就会进入一种特殊的状态,因此,小憩时间不同,效果也不同;小憩的时间越长,就越有益于身心健康。但如果在小憩时醒得过早,就会产生昏昏沉沉的感觉。最佳小憩的时长是30分钟左右,这样会让小憩的效果较长时间地保留在体内,也能让你提高警惕性。但是,如果你是在一集接一集地看《指环王》[2]三部曲(续集),那么,你需要一个较长时间的小憩才会能达到更好的效果。

4.定上闹钟:这会有助于避免睡过头或时间过短。

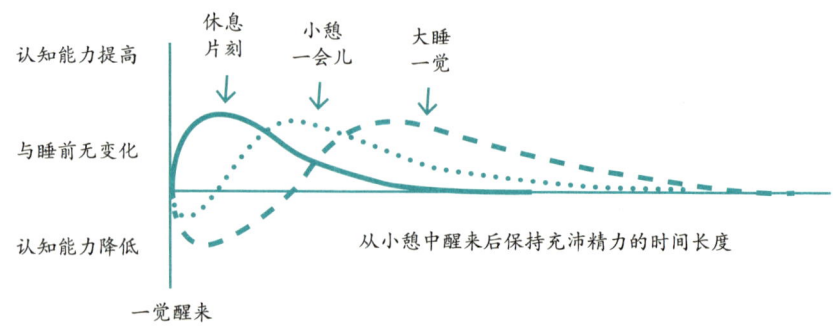

5.喝咖啡。真的,喝杯浓缩咖啡(或其他含咖啡因的饮料)然后小憩20分钟。实验研究表明,这种做法比起只喝咖啡或只小憩效果更好,睡醒后精神更好、记忆力更强。这虽然听起来不可思议,但这的确有科学依据。咖啡因能帮你消除带来困意的腺苷[3],让你保持精力充沛,咖啡因经过消化系统进入血液然后到达大脑需要大概20分钟的时间。现在,想象着睡眠已经自然而然地清除了大脑内的腺苷;小憩20分钟后,当咖啡因到达大脑时就会发现,大脑里已经没有腺苷了,咖啡因只需要快速到达大脑的接收区域并开始对大脑活动产生作用。

· · · · · · · · · · · · · · · · · · ·

① BMI指数(即身体质量指数,简称体质指数又称体重,英文为Body Mass Index,简称BMI),是用体重公斤数除以身高米数平方得出的数字,是目前国际上常用的衡量人体胖瘦程度以及是否健康的一个标准。
②《魔戒》(英文为The Lord of the Rings)又译《指环王》,是英国作家、语言学家、牛津大学教授约翰·罗纳德·瑞尔·托尔金创作的长篇小说,被公认为近代奇幻文学的鼻祖,为《霍比特人》之续篇。《魔戒》总共写了十二年才完成,费时四年修改,在1954年至1955年之间出版。全书分为三部:《护戒同盟》《双塔奇兵》和《王者归来》。
③ 腺苷是一种遍布人体细胞的内源性核苷,可直接进入心肌经磷酸化生成腺苷酸,参与心肌能量代谢,同时还参与扩张冠脉血管,增加血流量。腺苷对心血管系统和肌体的许多其他系统及组织均有生理作用。腺苷是用于合成三磷酸腺苷(ATP)、腺嘌呤、腺苷酸、阿糖腺苷的重要中间体。

第二章
The
GeeK
GUIDe
To Life

极客如何在工作
与事业中游刃有余

WHAT'S THE BEST WAY TO COMMUTE TO WOEK?
上下班的最佳方式是什么

> 对大多数人来说,一天中最痛苦的事莫过于上下班了。还没上班就要在堵塞的交通或拥挤的人群中穿梭。然后,在漫长的一天结束后,你还要再经历一遍这种情景。

在美国,人们到达工作地点的时间平均是25分钟——这样一周下来,上下班就要花4个多小时。预料之中的是,纽约是上下班平均用时最长的城市。苹果公司的员工每周上下班用时达6小时18分钟,这样一来,平均每个人在工作期间(大约40年)要花12600小时在上下班的路上,这几乎是一年半的时间。英国也好不到哪儿去,在英国,有300多万人一天中花在路上的时间超过2个小时。

加拿大滑铁卢大学研究人员指出,在路上花费大量时间对人们生活有着消极的影响。上下班路上花的时间越长,人就会感到越不幸福。2014年英国国家数据统计办公室有项研究表明,长时间消耗在上下班路上会导致精力下降,这个结论似乎正好佐证了这个看法。2011年瑞典的一项调查研究也显示,漫长的上下班时间与人的精力下降、不断加重的压力及持续上升的缺勤率之间存在一定的联系,而这些因素都容易引起疾病。

考虑到我们在上下班路上浪费的时间太多,而且上下班对很多人来说又是一件虽然百般厌恶却又不可避免的事,那么有没有适合的通勤方式来降低它给人带来的伤害呢?开车

HELLO, WORLD

是最不明智的选择,这是显而易见的。2015年8月,交通期刊刊登了一项目的在于比较开车、乘公共交通工具和步行三种上班方式给人们带的压力大小的研究。据数千名参与者反映,步行带来的压力最小,而开车的压力最大。

而且开车上下班似乎也不利于身体健康。2012年,《美国预防医学》杂志[①]上刊登的一项研究表明,即便你会做其他的运动,但开车时间越长,血压和体质指数就越差。这个杂志早期刊登的一项研究也表明,每在车里待一小时,变胖的可能性会增加6%。

如果你不想开车,该怎么办呢?2014年,英国东安格利亚大学一项医学研究显示,即使从原来的开车上下班改成乘公共交通工具上下班,也会对人体大有益处。而那些步行或骑自行车上下班的人压力更小,并且上班时更容易集中注意力。这项调查用时八年,涉及1.8万名研究对象,因此,它提供的数据较为真实可靠。

所以,在这个快节奏的现代社会,上下班耗时越来越长,如果你能不开车上下班,那就尽量不开车。如果必须开车,那就请尽量缩短开车时间。

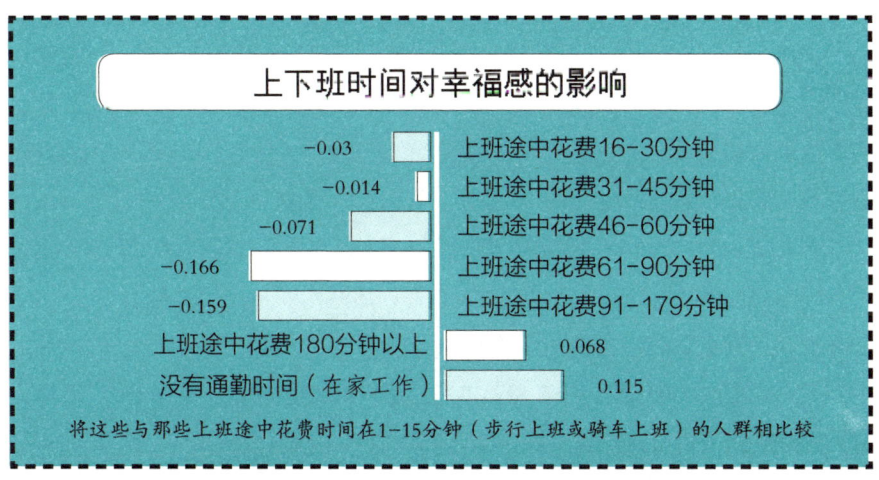

上下班时间对幸福感的影响

-0.03	上班途中花费16-30分钟
-0.014	上班途中花费31-45分钟
-0.071	上班途中花费46-60分钟
-0.166	上班途中花费61-90分钟
-0.159	上班途中花费91-179分钟
上班途中花费180分钟以上	0.068
没有通勤时间(在家工作)	0.115

将这些与那些上班途中花费时间在1-15分钟(步行上班或骑车上班)的人群相比较

[①]《美国预防医学》杂志是美国大学预防医学和预防教学与研究学会的官方刊物。

HOW TO BE MORE CONFIDENT
怎样变得更自信

有时，自信就像尼斯湖怪①或喜马拉雅山雪人②一样——别人看见了，但你总不相信它的存在。

然而，科学研究表明，即使你不太自信，你也可以适当用些"技巧"来增强自信。有个好办法是假装在做很正式的陈述报告，例如在重要会议上发言或正在面试你理想的工作。

首先，检查你的身体语言。站姿端正不仅能让你看起来很自信，而且真的可以增强你的自信。哈佛商学院的社会心理学家艾米·卡迪把这种站姿称作"能量站姿"。2010年，她在《社会科学》上发表了一篇论文，文中研究了呈现一副有力站姿的影响力——就像超人或神奇女侠那样站两分钟。根据卡迪的研究，以这种方式去改变身体的姿态能够提高体内的睾酮素，也能降低皮质毒（**一种产生压力的激素**）。她认为这不仅可以改变生理机能，还可以改变很多东西，或者说有力的站姿会让你感到更有力量。尽管后来有研究质疑这种影响，但站立有力能让你感到有力量且看起来精力充沛的观点似乎越来越坚不可摧。所以，下次准备重要会议时，最好先躲进厕所或文具室里，让自己站得像超级英雄那样再出来。

当你这样做的时候，应该戴上耳机，放些低音炮的歌曲，这种做法来自西北大学凯洛格管理学院的一项研究成果。首先，研究人员让一组参与者听了一大堆音乐，然后让他们表达出这些音乐如何影响他们的力量感、控制力以及坚决度，并给这些感觉1-7级排序。排在榜首的有皇后乐队③的"我们将震撼你"、双人无极④的"准备好"、50美分⑤的"在大俱乐部"。然后把这些歌放给另一组参与者听，另外再让另一组参与者听剩下的排在最后面的音乐。那些排在最后的歌有B.I.G.⑥的"Big Poppa"、流线胖小子⑦的"因为我们能行"、巴哈人⑧的"是谁放的狗"。

选择完美音调

你讲话的内容以及你说话的方式都可能会影响你感知的自信和力量的能力。2012年,《社会心理学》杂志和《人文科学》杂志上刊登了一项研究。在实验中,根据朗读方式要求将参与者分为三组,一组要求用正常音调朗读,另外两组分别要求用高音调和低音调朗读。结果发现,用低音调读书的人较之其他两组会更倾向于选择有力的形容词。所以调查人员得出结果,低声读书能让我们感觉更有力量,至少在潜意识里是这样。

接下来,研究人员让两组参与者根据第一印象做填空题,完成填词P_ER。结果,那些听到力量感强的音乐的人比另一组人更有可能填写单词Power(力量),而且这组人参与讨论也更积极。出于对研究结果的好奇,研究人员将所有歌曲的低音调高或调低,结果发现那些重低音的曲目依旧排在前列。

如果你对某个名人倾心不已,那么想想他或许可以减轻自卑感。2008年,由心理学家希拉·加百利带领的团队在《人际关系》杂志上发表了一项研究成果。他们针对348名大学生做了3项科学研究,要求参与者写一篇赞美自己所喜爱名人的文章,并且还要填一份测试自尊心的调查问卷。下笔之前,那些不自信的人往往更容易

站姿要有力

有力的站姿可以让你感觉更有力量

038 / 039
极客如何在工作与事业中游刃有余

让自己以一种理想的状态去描写名人,而不是以平常的状态。而在完成写作任务后,调查人员发现那些不自信的人会觉得自己离理想自我更近了,并且更加自信了,这种改变并没有出现在本来就很自信的人群中。

所以,你想让自己变得更加自信吗?那就去练习超人般的站姿,想想自己喜爱的名人再听听皇后乐队的音乐吧。

. . . .

① 尼斯湖位于英国苏格兰北部的苏格兰大峡谷,位于海平面以下200米,为此,人们称之为"沉在海下的湖",但湖中生物种类繁多,有的体型较大。在尼斯湖畔定居下来的移民中间,都知道每当湖上风雨大作的时候,一头神秘的怪兽就出没湖中,骚扰百姓。英国和北欧一些国家的英雄史诗的内容,也多半是与这种怪兽搏斗的故事。人们还给这种怪物起了一个十分亲切的名字——"尼西",意为尼斯湖里的有趣的小怪物。

② 喜马拉雅山雪人(英文名Yeti或Meti或Abominable Snowman)是一种界于人和猿之间的神秘生物,早在1898年便有人追踪过它的足迹。1972年,一些生物学家发现过雪人的足迹。在60年代初期,尼泊尔政府立法保护雪人,禁止捕猎。关于雪人是否存在的问题,人们一直争论不休。但是1974年在尼北部纳木切巴扎以北两天行程的马切尔摩小村落里,一个谢尔巴少女受到过雪人的攻击。雪人还杀死了5头牦牛。当地警察证实了这次报道。所有报道均说,雪人的侧面影像如一个强健的男人,高1.4米,太阳穴较深,周身褐色皮毛。它的脸呈黑色,无头发,宛如猩猩。头略尖,走路用双腿,但奔跑时用四肢,非常迅速,在森林中栖息,常到雪山和冰川活动,有一股难闻的气味。

③ 皇后乐队(英语:Queen),英国摇滚乐乐队,成立于1971年,成员包括主唱弗雷迪·莫库里(已故)、吉他手布赖恩·梅、鼓手罗杰·泰勒、贝斯手约翰·迪肯,给世界乐坛带来深远影响。

④ 来自荷兰的二人跳舞组合"双人无极"(2 Unlimited)是由主唱歌手Anita Doth和说唱手Ray Slijngaard所组成,配合两位长期合作的作曲家Jean-paul De Coster和作词人Phil Wilde。

⑤ 50美分(50 Cent),原名柯蒂斯·詹姆斯·杰克逊三世(Curtis James Jackson Ⅲ),1975年7月6日出生于美国纽约皇后区,美国说唱歌手、演员、投资商。

⑥ B.I.G是韩国GH Entertainment娱乐公司继TINT后推出的首个男子组合。组合名称是"Boys In Groove"的缩写,代表"沉醉在音乐中的少年们"的意思。B.I.G在2014年7月8日以一首Hello正式出道。

⑦ 英文名FatBoy Slim是一支英国中年男人Norman Cook的个人乐队,亦可称他的绰号或艺名。照Fatboy Slim自己的说法,他的艺名代表着三件事:"年轻""现在"和"滑稽"。

⑧ 巴哈人即Baha Men,从巴哈马首都拿骚到纽约、从澳洲到日本,风靡全球,并创下全球销售突破700万张的傲人唱片销售,这就是巴哈人。而2000年7月前,全美几乎没人了解这个来自巴哈马的9人乐团。

HOW TO BE A BETTER PUBLIC SPEAKER
如何更好地在公共场合发言

> 如果你害怕在公众面前讲话，那么你并不孤单，很多人都如此。调查一次又一次地显示，这是人们最害怕的事情之一，20世纪70年代曾有一项现在看来仍然鲜为人知的调查问卷。该调查显示41%的人害怕在公众面前讲话，而怕死的人只占19%。

后来，相关调查得出的结果也尤为相似，有一半左右的人都害怕站在人前说话，或许比让我们在人前表现更害怕的也只有蛇了。

那么，是什么让人们在公共场合讲话时变得局促不安呢？心理学家马蒂亚斯·维塞尔和他的同事们似乎找到了答案。2009年，他们在《精神心理学家》杂志上发表了一份研究报告，报告提到，人们在聚光灯下会紧张是因为觉得观众很容易因为自己的演讲内容而生气。他们把参与者分成两组，要求一组参与者就一个有争议的主题作两分钟演讲，并且可能由专家小组进行点评，同时要求另一组参与者根据一个不具争议性的话题写一篇文章。

然后，所有参与者都会戴上脑电图扫描器以测试他们大脑的活跃度，并且快速地给他们展示96个陌生人的图片，其中包括高兴、愤怒和正常情绪的面部表情。结果显示，那组演讲的参与者对愤怒表情的图片起反应的速度较快。于是研究人员得出结论，我们紧张时更容易注意到生气的人，而这又加深了人们对公众演讲的恐惧。

我们如果对怒容更敏感，就有可能意味着更容易忽略掉那些积极的反应。如果这种情况让我们变得害怕在人前演讲，那么我们在下次演讲的时候会更紧张。这是一个恶性循环，但已经有解决办法了。2010年，丹妮拉·库勒在《自然》杂志上发表了一篇论文，她认为只要我们时常加以训练，恐惧是可以克服的。所以，继续一遍一遍地进行那些烦人的演讲吧，这一次，选择面容和善、全程只会微笑点头的听众。

很显然，大多数人认为，在公众面前讲话是个挑战——这似乎已经成为一种思维定式——但公众演讲却是成功的关键因素。那么，就此你能做些什么呢？首先，忽略那些告诉你"假装观众是透明的就能有助于准备演讲"的老派说法。因为这种说法完全没有科学依据，反而更像是在分散你的注意力，而非有助于演讲。但是，有证据证明，另一种形象化的方法对克服恐惧有所帮助。这种方法要求你在演讲前而不是在演讲过程中做准备。

这种方法叫作"过程形象化"，其关键是不去想演讲的结果（**演讲得好，人们会立即报以热烈的掌声或者在演讲之后称赞你的表现**），而是去想象演讲需要的步骤。也就是说你要在演讲之前做好准备，多次排练。当你到观众面前展现出来的时候，可能有一些人会感到无聊且毫不在意，但同时也会有人欣然接受。发表在《人际和社会心理学公志》杂志上的一项研究证实了这一方法的科学性，这项研究表明，关注学习本身的学生比关注成绩好坏的学生成绩要好，更容易得到A（**优秀**）。一篇发表在《运动表现》杂志上的研究也证明，那些更重视提高球技的过程的网球运动员比那些一味地想象自己球技比别人高超的运动员进步更大。简言之，要想成为一个优秀的演讲者，就要去关注那些有助于提高能力的方法步骤。

如果这些办法都不管用，那么你就需要考虑在演讲准备阶段让自己经历一些性行为了。但这种性行为必须是真正的性行为——其他的一些亲密行为都不管用，至少心理学家斯图尔特·布罗迪是这样认为的。他让实验参与者持续两周记录性爱日记，将他们的阴道性交性行为、无阴道性交性行为以及自慰性行为记录下来，然后要求这些人做一次公众演讲。随后，布罗迪发现演讲者在演讲前保持两周的亲密性行为有助于释放压力，他将这项研究成果发表在了《生物心理》杂志上。

如何进行一次成功的演讲

TED演讲①应该是网上点击率最高的演讲类节目了,这上面最火的演讲观看次数已经达到几千万次。从这些演讲中,我了解到了很多关于如何进行一次成功演讲的大量信息。为了了解这些信息,凡妮莎·范·爱德华兹召集了760名志愿者,让他们观看TED官网上的内容,并根据他们所看的内容给他们进行小测试。下面这些就是她的主要发现:

说话方式和说话内容同样重要。实验参与者根据演讲者的个人魅力、才华及可信度来决定是否支持这个演讲者,结果发现同一个演讲者在每一项上的支持率基本相同,即使在他们声音模糊不清时也一样。

实用信息:肢体语言很重要。

双手很关键。范·爱德华兹发现演讲者手势越多,其演讲视频的点击率也就越高。惯于借用双手表达的演讲者在个人魅力上也会得到更高的支持率。

实用信息:借助手势表达信息,双手不要插在口袋里。

记得微笑,即使你是在谈论十分严肃的问题。在实验参与者看来,在TED演讲中保持微笑至少14秒的演讲者要比其他人更有才华。

---

① TED是Technology、Entertainment、Design(科技、娱乐、设计)的缩写,这个会议的宗旨是"用思想的力量来改变世界"。TED演讲的特点是毫无繁杂冗长的专业讲座,观点响亮,开门见山,种类繁多,看法新颖。

HOW TO IMPROVE YOUR MEMORY
如何提高记忆力

你是否在一次很重要的会议上突然忘了最重要的客户叫什么名字？又或者在某一次讨论会上有人突然冒出来，他们显然认识你，而你却对他们毫无印象？如果你回答"是"，那么，你就需要优化一下你的记忆方法了。

在科学方面，记住别人名字的关键是向其他人提及这个人，这个结论是根据2015年维克多·布歇发布在《意识与认知》杂志上的研究报告得出来的。他根据不同任务把实验参与者分成四组，让所有人都戴上耳机，一边听着白噪音一边看着屏幕上不断滚动的字，分别要求各组用默读、轻声跟读、大声跟读以及大声地向别人念出的方法去记屏幕上的字。结束后参与者需要从一大串文字中找出他们看到的字，结果，那些大声向别人念出字的那组参与者选出的字最多。所以，如果你想更好地记住别人的名字，或许可以在同他们说话时重复他们的名字，例如，"好的，简，我可以帮你。"或者当你要向朋友倾诉一天的生活时，不妨以人的名字为开场白。

咖啡也有助于记忆。2013年，《神经科学》期刊刊登了丹尼尔·布鲁塔的一项研究，研究发现，在你接触到一些东西之后，咖啡因能帮你保留记忆长达24小时。在研究完一系列的图片五分钟之后，研究者让参与者吃两种不同的东西，一种是安慰剂，另一种是200毫克的咖啡因片（相当于一两杯咖啡的剂量）。第二天再给参与者看另一组图像，其中包括前一天看到的图片和一些新的图片。结果显示吃咖啡因片的那组参与者更容易找出与前一天看到的图像相似的图片，这似乎说明，咖啡因确实可以提高记忆力。

嚼口香糖也能提高记忆力。在一份刊登在《英国心理学》杂志[①]的一项研究中，有两组分别有20多人的参与者，听一段30分钟的包含数字的音频。结果发现，一边嚼口香糖一边听音频的那组参与者回忆起数字来要比另一组更快更准。

最后推荐一种很简单的方法，那就是涂鸦。如果你想惩罚那些在重要会议上在纸上乱写乱画的人，请放弃你的想法，因为他们这样做有助于提高他们的表现。2010年杰斯·安德雷德在《应用心理学》杂志发表了一篇研究报告，在实验研究中，他让40名参与者听无聊的语音留言，其中20人一边听一边在纸上涂鸦，结果发现，边听边涂鸦的20名参与者比另一组多记了29%的内容。

小贴示

- 想记人名，大声和别人说。
- 完成任务后喝杯咖啡记的东西可以维持24小时。
- 边听东西边涂鸦能提高记忆力。

① 《英国心理学》杂志是一款IOS平台的应用。

HOW TO SCIENCE YOUR WAY TO SUCCESS IN A JOB INTERVIEW
怎样找到正确的方法 从工作面试中脱颖而出

> 新工作的面试通常是生活中压力较大的事情之一。因为面试成功意味着你可以从事自己理想的工作，而失败则意味着你会被困在自己厌恶的公司且无能为力。放心吧，科学家们一直都在研究招聘者是如何选出心仪的应聘者的。接下来，我们将会把最有效的方法分享出来。

你大概听说过第一印象很重要吧，调查研究好像也表明的确如此。2014年，有项针对招聘者的调查显示，面试的前七分钟内，招聘者对应聘者就有了自己的判断。事实上甚至比七分钟还要快——也许会不到一分钟。在莱多大学，调查人员将招聘前20到32秒的视频剪辑下来并让30名参与者观看，然后让他们根据他们所看的内容给应聘者排序。尽管他们只是匆匆一瞥，这些参与者的排序结果居然与面试了20分钟的面试者给出的结果一模一样。

第一次握手也是成功的关键之一。2008年，《应用心理学》期刊上有项研究发现，握手是面试成功的关键。有98名学生参与了这项模拟面试，面试者根据他们的表情和握手情况来进行评价（这些学生提前不知道握手也是考核标准之一）。结果，在整个面试过程中成绩较好的学生握手时都比其他人有力。同年，权威期刊《科学》上刊登了一项研究，报告显示手温也是影响面试的重要因素。由耶鲁大学约翰·巴

> **小贴士**
>
> ✓ 跟别人握手之前先暖和自己的手。
> ✓ 手一定要干净。
> ✗ 不要穿橙色的衣服，蓝色和黑色是正确的选择。

格蒂领的研究人员发现，比起手拿冷饮的人，手握热咖啡的人在评价他人时会比较积极大方。所以，按这个逻辑，如果和面试官握手时让他们感觉到温暖，他们可能会对你更有好感。所以在等待面试时拿杯热咖啡暖暖手吧。

似乎并非只有狗是通过嗅觉来判断新朋友的。以色列魏茨曼科学机构的诺姆·索贝尔认为人也会这么做——只不过因为动作比较细微，没有人注意到而已。在他的调查中，他把280名参与者与研究人员见面的场景做成视频。后来分析视频时发现，实验参与者在等待见面时，有20%的时间都把手贴近脸部。令人好奇的是，如果和同性研究员握过手，参与者将手接近脸部的时间会比一般的时间还要长。索贝尔认为，这是因为他们在下意识地闻自己手上关于对方的残留气味，以此来了解对方。为了证明这一点，索贝尔后来在一个类似的实验中给参与者戴上了鼻导管，结果证明，当手贴近脸部时他们的确有在吸气。因此，保持双手洁净似乎的确是一个不错的建议。

在那些你能控制或不能控制的方面，你的外在都起着十分重要的作用。凯业必达[1]招聘网上有一项关于面试最佳着装颜色的研究，该研究涉及2000多名招聘者，研究结果显示黑色和蓝色是最佳颜色，而橙色是最不合适的颜色。招聘者也会根据个人魅力对应聘者做出潜意识的判断。这至少证明了2012年发表在《人力资源》期刊上的一项研究是可信的。在研究中，以米歇尔·贝洛特为代表的研究员们研究了一个电视游戏节目，在游戏中，原有玩家能把另外一些玩家挤出去。他们发现，那些相貌平平的玩家会更容易被排挤出去，即使他们在游戏中的表现比那些长相突出的选手要好。这便是鼎鼎大名的"光环效应"的一部分表现。我们会下意识地认为在某一方面成功的人——例如长相方面魅力十足的人——在其他方面也会成功。所以，穿着打扮大方得体或许会对你有所帮助。

招聘时，受过专业训练的面试者应该会在评价一个人时尽量避免个人偏见，但他们有时候也难免会落入俗套。所以了解一些行业内幕或许会有利于找到一份好工作。

① 凯业必达（CareerBuilder）是北美最大的招聘网站运营商，招聘职位超过160万个，凯业必达已建立了一个全球网络平台，拥有2000家以上的合作伙伴，在55个国家，跨越五大洲使客户能获得最大范围和最多样化的人才。

HOW TO STOP PROCRASTINATING
如何克服拖延症

"我再刷一会儿朋友圈吧。""再看一集《星际迷航》也不耽误什么，对吧？""好吧，我明天再做吧。"这些是不是听起来很耳熟呢？很显然是的。即便最守纪律的人也会受拖延症的影响。

2007年，卡尔加里大学的心理学家做了项研究，并把研究结果发表在《心理学公报》杂志上，研究发现80%-90%的大学生都有拖延症，而其余10%的人可能说了谎。在德保罗大学，心理学家约瑟夫·法拉利的研究也表示，高达20%的人可能长期患有拖延症。在拖延症最严重的人群里，调查发现，这些人往往幸福感不高，心理健康状况欠佳，工作表现较差且经济上有困难。

似乎我们给自己设置最后期限时往往会完成得不尽如人意，那还不如让别人帮我们规定截止日期来督促我们呢。2002年，《心理科学》杂志上的研究证明了这一点，调查者让自己的学生当实验参与者。99名学生参加为期一个学期即十四周的心理学课程，他们被粗略地分成两组参加实验研究。老师要求两组同学在学期末前完成三篇文章。然而，不同的是，根据课程进度的划分，老师给一组规定了截止日期，而让另一组自由决定上交文章的时间。就此看来，似乎第二组更有优势，因为学生可以自己安排工作量。如果他们选择在课程结束时一起上交三篇文章的话，他们还可以从所学课程中借鉴更多的有用信息。但是研究人员发现，第二组的大部分人不仅选择在课程结束前上交了文章，而且他们的最后考试成绩也不如第一组理想。

但是，别担心，你完全可以用下面这些科学的方法来克服拖延症。首先，让自己休息休息——你只不过是个普通人罢了。人人都有拖延症，有证据显示，如果因此过分责备自己，那么未来再次患拖延症的概率也会更高。2010年《个性

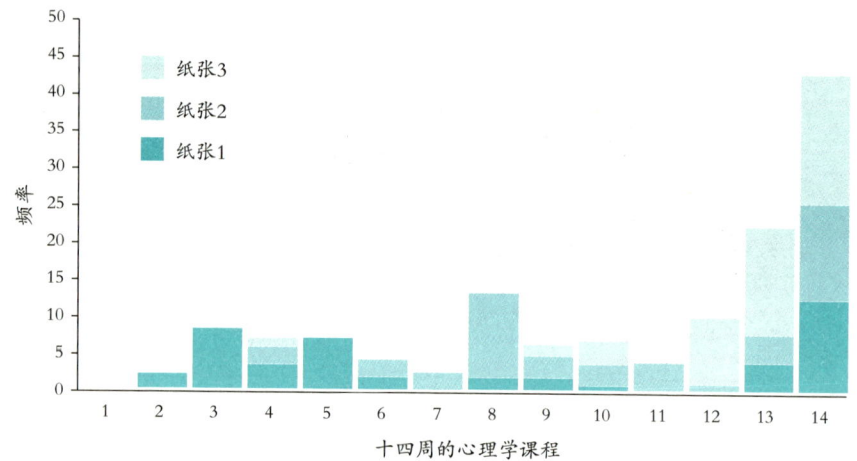

与个体》杂志上发表了一项调查研究,研究人员用两个小测试调查了一百名学生在自我谅解及拖延症两个方面的表现。研究显示,在第一次测试中对自己的学习拖延症报以高度谅解态度的学生,在第二个测试中表现得不那么拖延了。

另一个有效的办法就是让自己投入进去。大多数人都陷入了盲目分析中,对于那些明明已经拖延下来的事情,我们总是会在思考做法上面花费太多的时间。又或许总是把不想做的事推后而只做想做的事。这就是为什么你一再放纵自己看《神秘博士》[①]的原因了。

咬紧牙关坚持下去也是一个办法,卡尔顿大学拖延症研究组成员心理学家蒂莫西·皮切尔的一系列研究都证明了这一点。他会不定时地问实验参与者他们正在做什么,如果有什么事是确实需要做的,他会让他们根据压力从大到小给这些事排序。结果发现,在不同时期,参与者的排序也不同。一开始,最不想做的事排在前面,可是一旦他们开始着手做这些事,这些事情的排序就降低了。所以,为什么要给自己施加不必要的压力呢,学着和那些糟糕的事情和平相处吧。

把一个大任务分成一个个小任务去做,会让这些小任务看起来不像一整件事那么可怕,也会让你觉得做起来容易一点。就拿作家来说吧,先随便写点东西比一开始就写一整页东西或者绞尽脑汁考虑怎么才能写出上千字的文章效果要好一些,毕竟你可以一点一点地往上加东西。而且似乎每做一点小事都是值得的——即使这件小事并不能让我们更快地完成任务。2014年,宾夕法尼亚大学的大卫·罗森鲍姆的研究论文便证明了这一点。

实验中有两个桶，他让参与者将其中一个桶运到一个小巷的尽头。其中一个桶离终点线比较近，另一个则较远，参与者可以自主选择运哪个桶。令人惊讶的是，多数人都选择了离起点较近的桶，事实上，运这个桶的路程要

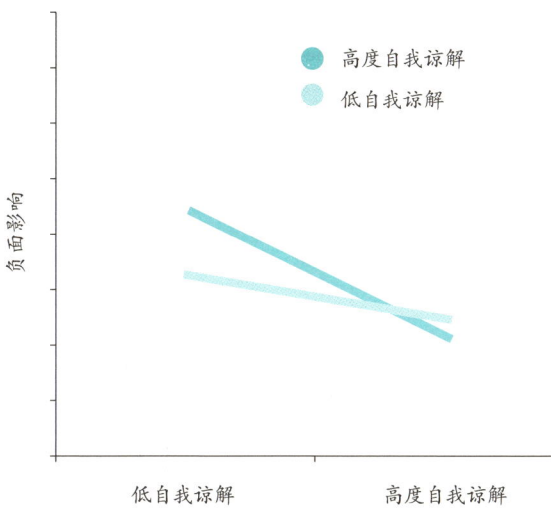

比另一个长。在对250名学生进行了九组试验后，这个选择就更明显了。后来罗森鲍姆向参与者询问做出选择的原因，他们说，之所以选择较近的桶是认为这样会早点完成任务。（即使从长远来看，这样其实更费力。）罗森鲍姆把这叫作拖延症前兆。

人似乎不是唯一有拖延症前兆的物种。后来，罗森鲍姆又用鸽子做了类似的实验。在实验中只要鸽子啄屏幕三下就可以获得奖励。但条件是，第一下必须在屏幕中央的盒子里，第二下可以啄同一个盒子或者在旁边出现的另一个盒子，第三下是要等旁边的盒子里面出现一颗星星时再啄这个盒子。所以，总的来说，获得奖励的方式有两种，第一种是啄两次中心

小贴士

- ✓ 就接受它吧，真正做起事来就容易多了。
- ✓ 把任务分成小部分，会更易于掌控。
- ✗ 不要难为自己，所有人都有拖延症，只要试着去提高就好了。

的盒子和一次旁边的盒子；第二种是啄一次中心的盒子和两次旁边的盒子，但鸽子更倾向于第二种方式，这就是为什么罗森鲍姆认为它们也有拖延症前兆。虽然这对它们获得奖励毫无影响，但鸽子们还是会尽快地移向最后方。后来罗森鲍姆在《科学美国人》杂志上发表了一篇关于这个结果的推测文章，他认为，鸽子和人类都有拖延症前兆，原因可能是3亿年前这两种生物有着共同的祖先吧。

　　如果这些方法都不足以克服你的拖延症，那么试试stickK[2]网站吧。在网上设立了目标之后，在截止时间完成不了任务就要受惩罚。你先付10美元，如果按时完成任务这些钱就会返还给你，如果没有按时完成任务，这些钱就会捐给你不喜欢的组织或项目之类的（比如把加加宾克斯——星球大战角色带回来的活动）。而据stickK网数据显示，一些金钱上的刺激的确会将任务完成率提高3倍。如果连这个方法都不能督促你按时完成任务，那么，你的拖延症就真的是无药可救了。

① 《神秘博士》(*Doctor Who*) 是一部由BBC出品的科幻电视剧。
② stickK.com是美国的一个网站，在网站上，人们可以与网站订立承诺合同以督促自己完成任务。

HOW TO NETWORK YOUR WAY TO CAREER SUCCESS
如何构建自己的人脉以取得事业成功

对很多人来说,一听到"人际网"足以让他们浑身颤抖。接近一个偶然相遇的陌生人并与之展开交流,会让大多数人感到很不自在。

为了进一步探索这些感受,以蒂齐亚纳·卡夏罗为带头人的多伦多大学研究人员做了个调查。他们把参与者分为两组,要求一组回忆并写下他们曾经处理私人交际关系时的情景(如结交新朋友、约别人外出等),同时要求另一组回忆处理与职业相关的人际关系时的情景(这些人际交往是为了自己的前途)。然后要求两组完成W_ _H、SH_ _ER和S_ _P等单词的拼写,随后,得出的结果是,回忆处理职业人际关系的那组填上"wash(洗)"、"shower(洗澡)"、"soap(肥皂)"等单词的概率比填上"wish(希望)"、"shaker(摇动)"和"step(步骤)"等单词的概率要高两倍,以此得出的结论便是,职业交际网让人感到肮脏。后来他们将研究结果发表在《管理科学季刊》杂志上。

或许这个意思延伸得有点过了,或许我们不必如此害怕交际。2014年,《实验心理学》杂志上发表了一项关于行为科学的研究报告,研究发现,与陌生人交谈可以提高幸福感。不仅如此,科学家们发现,交际网真

的是职业生涯取得成功的奠基石,而你要做的只是要建立起恰当的人际关系网。

来自芝加哥大学商学院的罗纳德·伯特在其研究中发现,交际网人数多少并不是关键的,重点在于你拥有多少不同的交际网。人有群居的天性,一旦加入一个群体,人们就会鄙视群体之外的任何事物。人们会和这个群体中的人参加同样的讨论会,下班之后和同样的同事逛街,等等。简言之,我们有了自己的小团体。那么这带来的问题就是你将不断地重复听到一样的事。用伯特的话来说就是,这一类人属于同一个封闭的交际网。

而如果你想要在事业上取得成功,你要做的事是融入一个广泛的包容性的交际网。最理想的是,成为很多封闭式交际网的中间人,这样,你就会从不同的网络中接触到大量的信息。同时你可以向不同的关系网里传递不同的信息,这对你来说大有裨益。

事实上,伯特发现你所处的关系网类型能最大程度地预示你的事业能否成功(见图表)。他的研究也发现你做交际网中间人的水平是影响你工资水平、职称地位及升职提拔的主要原因。

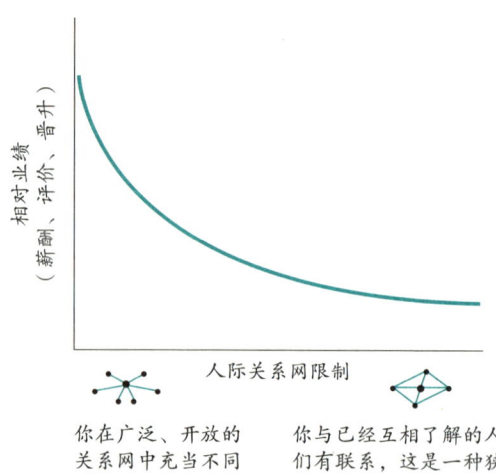

HOW TO BE MORE PERSUASIVE
怎样使自己更具说服力

所有人都暗自希望别人能按自己的意愿行事。当你在职场中有了一定地位时，最重要的能力之一就是让自己变得更具说服力。尤其是在你带领一个团队或想让别人为你争取更多支持者的时候，又或许是当你在做促销活动时，特别希望别人能购买更多你促销的产品或服务。

如果想让别人同意你的请求，其方法就在于你请求的方式和内容。有项研究表明，在请求别人时，加上"因为"这个词，获得同意的概率会增加30%。这是因为别人知道了原因之后才更有可能帮你，用请求而非命令的语气会提高成功率。甚至当我们要求自己做某件事时，这个方法也是有效的。

2010年，伊利诺斯大学的研究员在《心理科学》杂志上发表了一项研究报告。他们做了一个书写测试，在测试前，他们把参与者分为四组，每组分别分到的是"我会""我会吗""会""我"，并要求写20次。然后让他们用字母顺序颠倒的方法将十个词组成新词。结果发现，其中那些写"我会吗"的人组出的新词比其他组多两倍（见图表）。或许这其中包含有直觉的成分，但用请求而不是命令的语气的确更能说服别人。

语言真的是说服别人的秘诀。亚利桑那州大学的心理学专家罗伯特·西奥迪尼博士十几年来一直在做与说服有关的研究，并且他得出的大量研究结果都证明了这一点。有一次，他研究的是人们对美国癌症学会的捐赠行为。一开始，潜在捐款者听到的问题是"你是否愿意捐点钱来帮助我们呢"。后来问题换成了"你是否愿意捐点钱来帮助我们呢，每一分捐款都能对别人有所帮助"。简单的几个字却对捐赠者产生了很大的影响。捐赠者从28%上升到50%。于是实验者总结道："当提供了最小额度的时候，人们会更乐意采取行动。"所以，如果你想让别

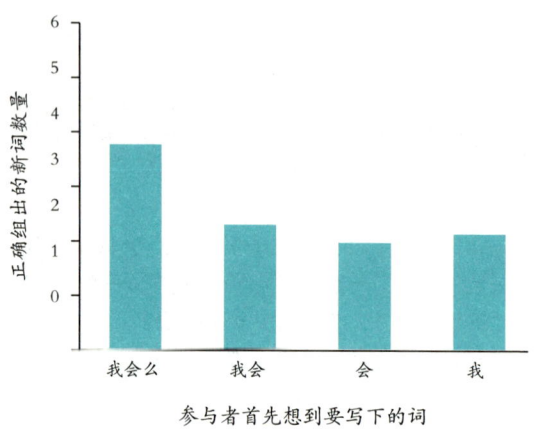

人做点什么,就先给他们规定一个最小额度吧。

寻找其他成功说服别人的方法的研究员到Reddit①网上搜寻帮助。这个网站很受欢迎,这上面有涉及各式各样问题的论坛。其中有个信息板块叫作"改变我的看法",在这里,用户提出一个观点,然后其他人尝试去改变他的想法。如果用户改变了想法,可以点击三角按钮——这个符号是数学家和物理学家惯用的表示改变的符号,这对于聪明的极客来说是个常识。同时用户也会说明让他们改变想法的原因。康奈尔大学的科学家们研究了两年的数据,然后在2016年的万维网会议上陈述了他们的研究结果。

研究人员们发现,第一个回复的人往往更有说服力(见图A)。所以时机是关键,也就是说,如果你想成功说服别人,就得把握时机抢在别人前面,当然懂得适时放弃也很重要。几个来回的劝说之后,成功率已经呈直线下降趋势了(见图B)。长时间的软磨硬泡后成功的可能性也比较大,所以不要轻视循环渐进的方法。当你采用这个方法时,要用真材实料去支撑你的每一段叙述,只有这样你才能取得成功。有趣的是,研究者们发现,如果回复者使用不同形式的语言,也比较容易说服别人。沉着冷静的语言更容易成功,举个例子"图书管理员""无聊"

 给别人一个做某件事的理由会加大别人**做这件事的可能性**

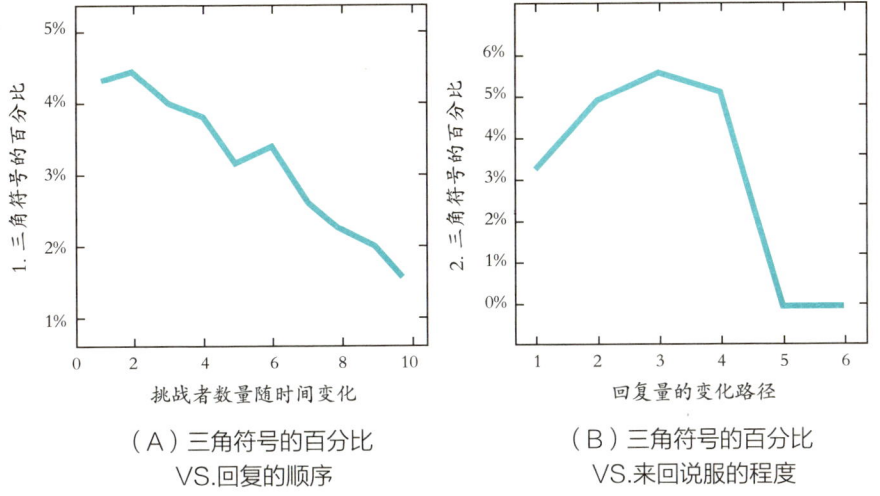

(A)三角符号的百分比 VS.回复的顺序

(B)三角符号的百分比 VS.来回说服的程度

这些都属于冷静的语言,而"恐怖主义""建造"等则属于较兴奋的语言。在当面劝说情况下,这些方法的作用大小尚不明确,但如果你是在网上或者通过邮件的方式劝说别人,这些的确是不错的技巧。

肢体语言是当面劝说情况中比较独特的方面之一。你一个简单的点头动作都能帮到你,因为我们总喜欢模仿周围其他人的行为,所以如果你轻轻点头,其他人也会跟着你点头,而这也正是你想要的结果。2003年,《个性与心理学》杂志上发表了一项研究报告,其中指出如果我们边听边点头,那么我们会更容易同意别人的看法。巴勒罗和理查德·佩恩让两组学生戴耳机听一段介绍身份证的音频,同时进行的还有耳机的质量测试。他们要求其中一组边听边点头,另一组边听边摇头。很显然,这是为了检测当参与者在晃动时,耳机是否也能正常使用。音频

 如果你轻轻点头,别人也会跟着你点头

播放结束后,实验员问了两组同样的问题,其中包括了耳机和身份证介绍两个方面的问题。结果证明,点头的那组给出的赞同回答更多。

所以,很多办法都可以让别人赞同你的想法。下面就是我们总结的小贴士:

> **小贴士**
>
> ✓ 给别人一个理由——多说"因为"。
>
> ✓ 去请求,而不是命令。
>
> ✓ 给别人规定一个最小额度。
>
> ✓ 抢占先机,用实例和冷静的语言去验证你的观点。
>
> ✓ 让别人跟着你点头。

---

① Reddit是个社交新闻站点,口号:提前于新闻发生,来自互联网的声音。其拥有者是Condé Nast Digital公司(Advance Magazine Publishers Inc的子公司)。用户(也叫redditors)能够浏览并且可以提交互联网上内容的链接,或发布自己的原创或有关用户提交文本的帖子。

第三章
The
GeeK
GUIDe
To Life

极客如何经营自己的亲密关系

HOW MUCH SEX SHOULD YOU BE HAVING?
多少性爱才合适

> 大多数夫妻都喜欢性爱,这已经不是什么秘密了。毕竟,性爱是身体亲密接触的终极形式。所以,如果你认为性爱越多,你和你的伴侣就越幸福,你们的关系就越和谐,这种想法是可以理解的。

然而,多伦多大学的研究告诉我们,事实并非如此。从1989年到2012年近25年时间内,研究者收集了来自超过25000名美国公民的调查反馈。调查询问这些参与者——他们都有性伴侣——他们多久有一次性爱,以及他们是否觉得自己很幸福。

研究者的最终结论是:性福有一个峰值(或者,也叫最大值,如果你一定要这么说)。大多数每周有一次性爱的夫妻都很幸福,但人们的幸福感并没有随着性爱次数的增加而增加。不论性别、年龄或者两性关系维持时间的长短,这一结论都适用。

当然,关于人们的幸福感是否真的和性爱数量有关,或者说幸福感与他们对性爱的满意程度有关(**无论性爱的数量多少**),还没有一个科学的论断。但是2015年进行的一项独立研究给我们提供了一些依据。该研究要求64对已婚夫妇中的32对在一段时期内加倍性爱次数,因此,参与研究的夫妇性爱次数平均增加了40%,然而,对他们的调查结果显示,他们并没有比原来更幸福。不仅如此,他们还说感到

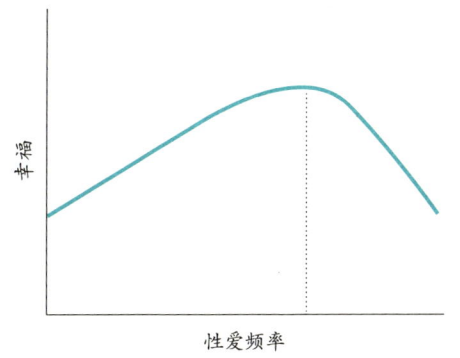

解释：性爱频率与幸福的关系不是直线相关的，而是曲线相关的——在一定范围内，人们的性爱越多，幸福感就越大，这是一个呈上升趋势的曲线。但当到达某一个点之后，人们的性爱越多，幸福感并没有随之增加，反而会减少，就是图中的下降曲线。

精力下降，性爱质量也不如从前。

为什么会这样呢？多伦多大学的研究者认为，过多的性爱"导致伴侣对性爱的需求减少了，性爱产生的乐趣减弱了"。换句话说，你有点厌倦它了，如果一件好东西你得到的太多，你对它的期望、渴求就会减少，它带给你的兴奋感也会减少。此外，多伦多大学研究者的发现和其他有关非性爱的积极行为（例如朋友之间的交往）的研究结果相一致。后者的研究发现，朋友之间的关系也并非互动越多就越好。

根据以上的分析，我们可以拿收入来打个比方，多伦多的研究者也把人的收入水平和幸福感做了比较。收入少于平均值（平均值为年收入在15000美元到25000美元之间）的人通常都会感觉不太幸福。与此类似，比起那些每周一次性爱的人，性爱频率少于每个月一次的人幸福感较低。关于这个话题的更多内容，请参看本书后文。

大家应当获得的信息其实很简单：生活中有那么多的事情，重点不在于我们得到了多少，而是你怎么去对待它。

HOW TO SPOT A LIAR
如何识别骗子

当你询问任意一个扑克牌玩家,他是如何发现其他玩家的"破绽"时,他们就会告诉你,几乎每个人在玩牌时都会露出破绽。根据扑克牌学网站[1]的专家所说,眼神和手都会暴露破绽,比如,双手颤抖、双眼睁大一眨不眨、瞳孔放大,这些都是分得一手好牌的信号;眼神空洞(或者故意直勾勾盯着你)这就意味着分得一手臭牌。

这个理论的某些部分可能说得通,但事情的真相是,我们所相信的谎言测试实际上大部分都是错觉。心理学家保罗·艾克曼[2]测试了数千人来研究他们的面部表情和情感变化。他的研究结果表明,不管人们怎么努力观察,能够区分诚实和不诚实的准确率只有55%——刚刚超过50%或者说只是比胡乱猜测好一些。然而,艾克曼的研究却对准了另一个"破绽",这个破绽似乎使研究不断取得成果;那就是微表情——在脸上一闪而过的表情,它的持续时间只有一秒钟的1/20或1/15。

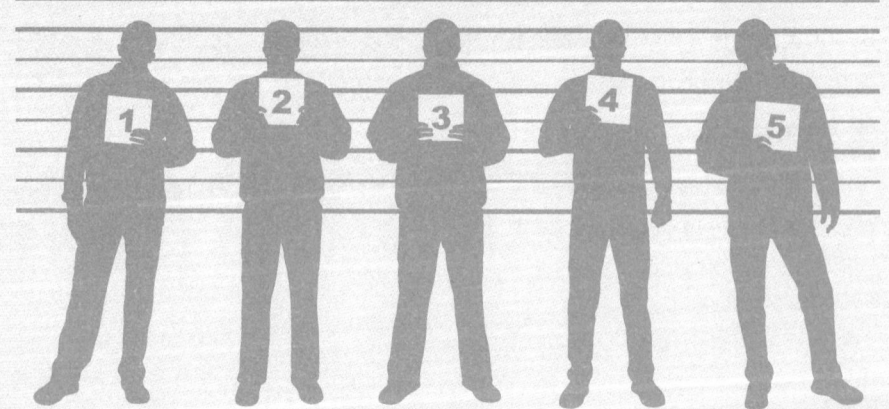

如果说微表情听起来是那么微乎其微又难以发现的话，这是因为它们的本质就是这样的，它们也很难被有意识地控制，那么，这就是一把双刃剑。尽管说谎的人不可能不做出微表情，但你也很难发现它们。艾克曼和他的团队已经对15000多人进行了实验，其中只有50人——少于0.3%的人——似乎能够发现微表情的规律。

然而，能有50人发现微表情，这个数字也很吸引人。在某些情况下，这种无意识的信号，是否能够成为我们对于观察说谎者而产生的"直觉"呢？这种直觉就像是约会后感觉对方并不会像他们所说的那样会给你回电话一样，或者像是感觉一个骨瘦嶙峋的裸男并不会是真的想带你去魔多一样……

加州大学伯克利分校的研究人员对上述设想进行了研究。他们给参与者们播放犯罪嫌疑人的视频，在视频中嫌疑人被拷问是否偷了100美元。有一半嫌疑人确实说了真话。该实验给每个参与者看两个视频，其中一个视频的嫌疑人说了真话，而另一个视频的嫌疑人说了假话。之后，该实验要求参与者们完成一个任务——判断嫌疑人是否说谎，然后分别按下写有"诚实的""坦率的"或者"骗人的"等单词的按钮。实验的重点在于：这些单词是在他们看到的视频中随着嫌疑人的照片一同出现的，但实验要求他们忽视照片，只把精力集中在单词本身的意思上。（记住，参与者们不知道是否有人说真话）

事实证明，当实验的参与者看着嫌疑人的照片，他们能更快地分辨出谁说了实话，谁说了假话。这表明在某些无意识的层面上，"说谎的人"和"诚实的人"的样子已经印在参与者的脑海里，并改变着他们的想法——尽管他们自己都没有意识到这一点。

其他研究也发现，如果一个人做出判断的时候注意力被分散（比如在这种情况下做一个非常难的智力测验），他识别骗子的准确率可以提高。如果要求他们迅速作出判断，其结果还不如随便猜——曼海姆大学做这项研究的心理学家说，随便猜表明我们的大脑有能力分辨真实和谎言。然而，这要求整合一整套丰富的线索，但这些线索是很微妙的，我们几乎很难意识到。

所以，你能发现谎言了吗？当有人暗示你听从你的直觉，并让你不用专注甚至不用认真思考时，你就该当心了。每一条无意的线索都有它无意的倾向。我们的大脑已经形成一种趋势，根据人们的年龄、种族或者背景作为直接参考和一种速记的模式，从而对这些人形成模式化的看法。因此我们更喜欢与我们相像的人。测谎从来不是百分之百准确，但有一件事我们可以肯定，就是我们的判断是容易出错的。

① Pokerology.com，一个教你玩扑克的国外网站。
② 保罗·艾克曼（1934- ），美国心理学家，主要研究脸部表情辨识、情绪与人际欺骗。

WHAT SCIENCE KNOWS ABOUT SUCCESSFUL MARRIAGES
关于成功婚姻的科学解读

嘿，相似的金钱观

在一篇以搞笑题目"致命（*消费观上*）的吸引力：婚姻中的守财奴和败家子"命名的论文中，密歇根大学的斯科特·瑞克教授和他的同事发现，当提到钱的时候，持有不同消费观的人会相互吸引，这是事实。

研究者访问了数百对已婚夫妇，他们发现更多的人与那些和自己消费习惯不同的人结合。然而，接下来的研究表明，相比那些有着相似消费习惯的夫妻，这些夫妻在婚姻中关于金钱的争吵更多，婚姻满意度更低。

对于消费习惯不同的夫妻来说，和守财奴结合的败家子似乎收益最多——至少从财务的角度来看——毫无疑问，这归功于他们的伴侣限制了他的支出。然而，消费习惯不同的夫妻的婚姻满意度要低于两个败家子结成的夫妻。这个结果可能证明了钱在一定意义上可以买到幸福（*即使伴随着更大的债务*）。不过，在这个实验中，真正开心的是两人都是守财奴的夫妻——他们通常对自己的生活很满足，而且还有一份不错的银行存款。

礼貌用语很重要

当你的伴侣为你做了一些事的时候，你会说"谢谢"吗？2007年亚利桑那州立大学的杰斯·艾伯特博士和安吉拉·崔德威教授进行了一项调查，参加调查的很多人都自认为对方知道自己很感激他们，你也和他们一样吗？

艾伯特和崔德威发现这句小小的表示感谢的话语很重要。无论是已婚夫妇还是同居的人，当涉及类似家务分工等关键问题时，被体贴照顾的那一方通常很少说谢谢。接下来，研究者还发现，那些被对方感谢的人与其他参与者相比，怀有的不满情绪更少，对他们的两性关系更满意。

如果这个听起来不像是严谨的科学论断，那么接下来的建议也没有什么道理可言：试着让伴侣们承认安排给他们的家务，或者定期交换任务和任务清单。如果你的伴侣家务做得不好，不要等到忍无可忍的时候再说，你应该告诉他们你希望他们做什么以及什么时候完成。看在上帝的份儿上，如果他们最后完成了你安排的家务，你应该说声"谢谢"。

你真烦人——那就这样吧

谁是最气人的人？是伴侣、孩子，还是朋友？答案是伴侣，密歇根大学社会研究所调查了八百人，他们中的大多数都这样回答。有一个坏消息，那就是随着时间的推移，我们对配偶的负面看法似乎只有增加而没有任何减少。

同样还有一个好消息，依靠某些消极行为——争吵、相互谴责，或者唠唠叨叨让你的伴侣发生改变，两人之间的关系会越来越好。这是田纳西州大学的心理学家詹姆斯·麦克纳特带领的团队进行了近十年的独立研究得出的结论。然而，这一切都取决于你的期望。

怀有正面的期望确实有效，但前提是这些期望能实现。麦克纳特对新婚夫妇的一项研究得出了上述结论。然而，如果一对夫妻有很多问题，只有他们期待为对方做出改变的时候，他们的关系才会改善。在另一项独立研究中，麦克纳特发现存在问题较少的夫妻将"不受对方控制"列为消极行为，似乎这样可以让他们对婚姻关系更满意。不过，如果一对夫妻有更多的问题，事实上，责备对方可以获得更高的婚姻满意度。根据麦克纳特的研究，如果你的伴侣不是一个圣人，你最好别要求他做个圣人。

THE BEST TIME, MATHEMATICALLY, TO SETTLE DOWN

最好的时代：
以"计算"定终身

> 多年来，对于这个问题，数学家们有许多说法，从"秘书问题"①到"苏丹的嫁妆问题"。或许你也可以将其称为"这山望见那山高"——不论是选房子还是选椅子，甚至选择潜在的人生伴侣。因为归根到底它都属于一个问题：什么是机会，如果我再耐心等会儿，会不会遇到更棒的事，更好的人？

别再这么想了，从根本来说，你的选择是基于一组候选项——只不过不知道有多少罢了。但是假如一生中有11个人可能成为你命中注定的另一半，他们都很棒，问题是通常你只能一个一个地与他们相遇，而且要花很多年的时间。他们随机地出现在你的生命里，因此毫无可比性，你怎么可能知道他们之中谁最适合你，更不用说下一个遇见的人是否会更适合你，你当然不可能知道，所以只能碰碰运气了。

然而，有个神奇的数字能够显著提高你成功选择的概率：37%（如果更精确点，那么就是36.8%）。经过计算，这是最终决定安定下来之前你需要约会或拒绝对象的概率。平均来看，一般每个人一生需要谈四次恋爱。到那时，下一个你选择的人会比之前的男朋友或女朋友都好。根据计算，你在这个时候遇见生命中另一半的概率比以往任何时候都高。

如果你对此有所怀疑，这不怪你。现实生活中，这会有些出入。因为你不仅不可能知道存在多少潜在"伴侣"，而

HELLO, WORLD

且不知道什么才算是"潜在的追求者",而不是仅仅一时兴起随性决定这个人选。究竟怎样才能确定谁是与你最般配的人,或者叫作完美伴侣,也可以说是一生的最爱呢?

但这里给你另外一个数字:9%。这个数字表示,如果你要随意选择,这有可能帮你从11个潜在对象中选出最好的那一个。如果你采用我们的疯狂计划,胜算概率会明显增加——没错,那将达到37%。

不过,37%毕竟不是100%。你可能要冒个风险,那就是最初与你约会的37%的人中可能存在与你最合适的人。但是专家已经计算过,如果对你来说你很希望发现、遇见一个最合适的人并与他一路走到底,从数据来看,这个战略可以让你拥有最大的成功概率。

你仔细想想,这种说法是很有道理的。而且,事实上这个道理也很明显。你做的所有事都是为了规避选择风险,也就是说,既不要选得太早,也不要选得太晚。在37%这个节点做出选择让你可以有足够的约会经验发现自己的品味,确定喜欢什么样的人,不喜欢什么样的人,从而避免因犹豫不决而失去选择的机会。

如果你把这个过程想象成一个游戏,就更能说得通了(**找到最合适的伴侣就是赢得比赛**),因为潜在的候选人不止一人,你需要在约会对象中算出哪个才是合适的那一个。

我的策略是选择我遇到的第一个人。如果只有一个适合我的人,他一出现我就做出选择,那么我赢的概率就是100%。如果有两个潜在的候选人,我这么做无论我是随机选择还是制定策略,输赢的概率都是50%。

如果有三个潜在候选人时,事情就会变得更加复杂,但这也就是我们的疯狂策略开始发挥作用之时。(见图)

没有另一半

错的另一半

对的另一半

数学理论上，一个人安顿下来的最佳时间

这个模式适用于成员多的组——无论范围大小、候选人数，"先试后买"的概率总是回升到37%。

想提高成功率吗？那就降低标准吧……你没有必要找到"最好的伴侣"，一个好的伴侣足以让你幸福，这种情况下，这个神奇的数字是30%，如果时间对你很重要的话，这是个不错的选择，毕竟，它意味着需要约会的人更少。用此策略，如果你潜在的好伴侣总共有十个人，那么你成功地找到他们的概率是75%。如果你潜在的好伴侣总共有一百人，90%的机会能让你选到在一起很开心的人，这个概率对我来说是不错的。

但如果你不想安定下来呢？如果你是个完美主义者，如果是那些只要最好否则什么都不要的人，单身或许是他们最好的选择，日本数学家明纳路坂口于1984年再次调整公式。他想出的神奇数字是60.7%。这就需要了解更多的人，付出更多的努力和时间。但是如果你觉得单身更舒服，那么多花几年时间寻找最适合自己的人又有何妨？——就像《黑客帝国》里的尼奥和崔尼蒂，《生活大爆炸》里的谢尔顿和艾米。对于这些人来说，他们恋爱的时间越长越好。

无论你喜好如何，这个神奇的数字都会潜移默化地让有信息强迫症②的你更容易找到永恒的幸福。

 37% 决定终身大事之前你应该约会或拒绝的人数比率

① 秘书问题（类似名称有相亲问题、止步问题、见好就收问题、苏丹的嫁妆问题、挑剔的求婚者问题等）内容是这样的：要聘请一名秘书，有n人来面试。
② 释义：害怕错过朋友圈里发生的事情。出处：《人类行为计算》。

长期关系中提高胜率

下图比较的是随机从三个同伴中选择的胜率。每个盒子代表一个人，上面的数字代表质量（一是最好的）。按照拒绝策略，先排除那37%的比率，然后再选择（就是拒绝第二个人，选择第三个人），那么你赢的概率就大了很多。

第一个	第二个	第三个
1	2	3
1	3	2
2	1	3
2	3	1
3	1	2
3	2	1

1.如果每次约会你选择第一个追求者，你将赢一次。

第一个	第二个	第三个
1	2	3
1	3	2
2	1	3
2	3	1
3	1	2
3	2	1

2.如果每次约会你选择第二个追求者，你将赢两次。

第一个	第二个	第三个
1	2	3
1	3	2
2	1	3
2	3	1
3	1	2
3	2	1

3.如果每次约会你选择第三个追求者，你将赢两次。

第一个	第二个	第三个
✗	2	3
✗	3	2
2	✗	3
2	✗	1
3	1	2
✗	2	1

4.如果你拒绝第一个追求者，然后选择比第一个更好的追求者，你将赢三次。

HOW TO OEAL WITH A BREAK-UP
如何完美处理分手

正如不计其数的情歌所说,分手是很痛苦的。毫不夸张地说,它会让你很受伤。磁共振成像(MRI)大脑扫描数据显示,失恋的痛苦程度与戒掉可卡因的痛苦相似。情感有痛苦时,与身体疼痛相关的大脑区域也会被激活。

一次痛苦的分手就足够扰乱你全部的生理机能。研究显示,长期生活在一起的情侣共享着相似的生物节奏,在睡觉、食欲、身体温度、心跳频率这些方面都有体现。所以,科学会为治愈分手带来的痛苦提供哪些秘诀呢?

记住你是谁

如果你和一位对你来说很重要的人在一起生活的时间越长,你的自我意识就越和对方分不开,而分手会很自然地破坏一个人关于"我是谁"的自我意识,至少,2010年《人格与社会心理学》杂志中的一篇论文是这样介绍的。研究人员经过六个月的调查和对个人日记的研究发现,比起那些没有伤心的人,参与者更容易使用"困惑""不知所措"这样的词汇来表达自己的痛苦。研究人员称,参与者自我意识越弱就越痛苦。所以,如果你正处于分手的痛苦时期,就应该提醒自己做一些你喜

HELLO, WORLD

> **小贴士**
>
> 朋友圈里有不看对方朋友圈的功能，请使用这个功能，因为他们可以让前任们暂时消失一段时间，这样你就不会冲动地将他们完全从你的生活中全部删除。

欢的事——沉浸在自己的爱好中，比如，和朋友一起逛逛街。

回过头去想想

尽管沉迷于自怨自艾不是一个好主意，但花些时间去思考一下你们分手时的情况是有帮助的。2015年《社会心理和人格科学》杂志发表了一篇研究论文。研究对21名近期心理受创的志愿者进行了调查。其中一半的参与者在调查期间的不同时段回答了关于分手的问题，而另一半的人只会在调查的开始和结束时回答问题。数据显示，在分手后，那些渐渐吐露心声的人形成了更强的自我意识，分手后的孤独感似乎不那么强烈了。

不要与前任网聊

很显然，在分手后还关注前任的微博、朋友圈真的不是一个好主意。如果你需要依据，可以在2012年布鲁因尔大学的塔拉·马歇尔博士带领的实验中找到答案。有464位女性朋友看到前任的动态时依旧会表现出苦恼、消极甚至苦思的情绪，而且她们不太可能经历个人成长并走出分手的痛苦。

注意，切断和前任的所有联系也是不明智的选择。研究者称，那些不和前任"做朋友"的人承受着同样多的痛苦，或许是因为不知道前任过得怎么样而心烦意乱。研究者建议，偶尔看看前任的状态更新可能有助于减少前任对自己的吸引力。

你会走出阴霾——比你想象得更快

2008年《实验社会心理学》杂志上发表了一项研究，参与研究的70名志愿者每周都被询问他们的恋爱关系，志愿者们预期分手后他们需要平均20周才会从分手的痛苦中走出来并重新振作起来。其中26名志愿者确实分手了，然而，分手之后他们只花了10个星期就感觉心情好一些了。此外，他们的痛苦程度远远低于他们所预测的程度。

吃点巧克力

认真地说，巧克力会产生大量的麻醉剂，那是一种能减轻身体痛苦的神经传导物质。

HOW TO SUCCEED ON TINDER (AND OTHER DATING SITES)
如何在探探（或其他约会网站）上左右逢源

如今结交新友越来越难，更不用说找到"另一半"了。随着互联网在诸多方面逐渐成为我们生活的中心，网上约会成为当今人们寻找另一半的主要方式也就不足为奇了。

令人欣慰的是，2012年，由斯坦福大学研究人员发起的一项研究显示：通过线上发展的关系与通过线下发展的关系，在关系的质量上，没有任何区别（尽管也存在许多与此项研究结果相矛盾的其他说法给人们带来困扰）。然而，如果网上约会真的成为现实情况，那就让我们对数据资料进行深入研究，并为"如何正确去做"寻找一些证据基础吧。

照片炸弹

不管你是用探探（TINDER）还是其他同类交友网站，一定要在你的照片上多花点时间，多下点功夫。交友网站的用户反映，比起网站上随机问题的答案，他们更容易通过照片了解一个人的个性。在实际研究中，用户事先所提到的交友对方应该具备的那些重要品质在他们见面后都显得不那么重要了。这似乎表明，外貌往往比其他因素更重要。

毫不夸张地说，网上约会成功的一个小窍门就是放得开。2016年的一项研究通过分析一次速配约会的活动视频发现，当人们摆出一些"大幅度造型"——向后仰或展开四肢、彻彻底底地打开身体时——更加容易获得好感。加利福尼亚

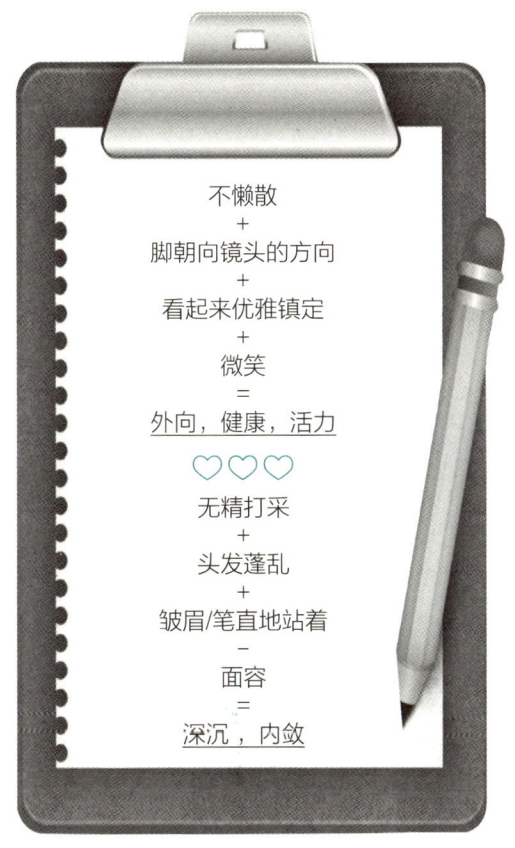

大学的研究人员在《美国国家科学院学报》上写道：和那些耸肩驼背、双臂交叉、跷二郎腿的人相比，大家普遍认为，造型幅度大的这类人更放得开，更占优势。

尽管如此，就算你是一名寻求异性关注的女性，也没有必要对此太过认真。根据康涅狄格大学的一项研究，美化过的照片的确增加了吸引力，但也降低了可信度。此发现是基于一项有305名女性参与的研究实验。实验过程中，有的女性使用日常的普通照片，有的则使用经过美颜、美发、美妆等处理后的照片。而同时，实验的女性参与者却表示她们发现美化后的男性照片既增加了男性的吸引力，也提高了他们的可信度。

设置约会网站的头像时，选一张个人独照很重要——因为没有人想玩"猜猜哪个是你"的游戏，尤其是在探探这种快速浏览的环境下。当然了，在你的其他照片上，一定要秀秀你的基友们（或闺蜜们）。通过对探探的数据分析发现，当照片中出现很多人而不是只有你一位"孤胆大侠"时，人们会普遍认为你是个性格外向的人（很多人喜欢这种性格，但也不是所有人都喜欢）。

选一个首字母靠前的网名

86项对在线约会的研究表明,"约会(现实约会)成功的很多方法都与名字首字母靠前有关",原因显而易见,比如取名"阿迪力"就比"史莱克"要好得多(因为按字母排序A在S的前面)。如果名字的首字母在字母表中比较靠前,那么搜索栏里就会先跳出这些名字,而那些首字母比较靠后的名字经常被淹没在资料底端。

当然,如果搜索人想要了解全部资料,他们可以排序和过滤信息,但不要低估了人的懒惰程度,尤其是在他们基本上处于一种随机查找的情况下。

至于选择用较短的昵称还是用全名,哪一种更好,视情况而定。虽然不能代

男性名字		女性名字	
MICHEAL迈克尔	12.7%	REBECCA丽贝卡	59.7%
MIKE麦克	12.6%	BECKY贝基	22.5%
DAVE戴夫	18.6%	JEN珍	54.3%
DAVID大卫	13.4%	JENNIFER詹妮弗	44.9%
MATTHEW马修	16.9%	ELIZABETH伊丽莎白	58.9%
MATT马特	15.4%	LIZ莉丝	47.6%
STEVE史蒂夫	13.2%	ALY阿丽	59%
STEVEN史蒂文	12.6%	ALISON艾莉森	57.5%
STEPHEN斯蒂芬	11.7%	ALI阿里	51.5%
		ALLIE艾丽	50.4%
RICK瑞克	17.1%	KATIE卡蒂	60.8%
RICHARD理查德	7.0%	KATHLEEN凯思琳	59%
RICKY里基	15.5%	KAT卡特	47.1%

表所有人（毕竟，它只是一个手机APP，使用它的只有一部分人），2016年3月约会APP"The Grade"公布了最容易被选中的名字。

根据丘比特社交网站的详细数据记录分析，女性用户对照片中不看镜头、不苟言笑、抱着小动物的男性反应最强烈。而最受男性欢迎的是那些摆弄相机、在户外拍摄的或露出一点乳沟的女性照片。

KISS原则（保持简单，愚蠢）

"人们当然会被发音简单容易记住的单词吸引。"巴特和伦敦医科学校的哈利德·可汗和北得克萨斯州大学的塞米尔·乔杜里如是说。这是2015年他们在学术期刊《循证医学》上发表的一篇论文中的内容，论文题目为"一些有据可依的追求方法：系统回顾网上接触后的第一次约会"。简单的语言更容易让人理解也会增加好感度。他们补充说，"文字的整体吸引力与照片吸引力呈正相关。"如果你的照片成功地让人们停下来阅读你的简介信息，一份吸引人的文字将反过来增加你的照片出现的时长。研究人员因此得出结论，这样做可以增加好感。

当然，说起来容易做起来难。太多人在纠结要写什么，最终是漫无目的地胡扯。要爽快利索，不要只谈论自己，写写你是谁，还有你想找个什么样的伴侣，两者比例为70:30。可汗和乔杜里建议，相比一份只有关于你自己的简介，"你是谁加上你想找什么样的伴侣的简介"比前者更有吸引力。

你不必是模特

……但如果你是飞行员或理疗师，那你很幸运。根据探探社交网站发布的统计数据，男飞行员和女物理治疗专家位居被点击的职业榜首（至少美国用户是这样认为）。女性用户点击最多的男性职业是相当老套的消防员、医生和电视/广播人员。已经说过，飞行员排名第一，之后排第二位的是企业家。公关人员和教师在男性职业中点击率很高（排第三）；如上所述，女性排名第一的职业是理疗师，排名第二的是室内设计师。然而，令人惊讶的是，一项有很多照片的职业——模特，无论男女都排在前十名的后几位。世界名模德里克·祖兰德排名第八，而吉赛尔[1]在前十名的排名甚至更靠后。

---

[1] 吉赛尔·邦辰，1980年7月14日生于巴西南里奥格兰德州霍里宗蒂那城，世界超级女名模。2016年8月走秀巴西里约奥运会开幕式。

HOW TO MAKE FRIENDS THROUGH KARAOKE AND DANCING

如何通过唱卡拉OK和跳舞来交朋友

> 唱歌跳舞——也许你爱它们，也许你恨它们——但科学已经证明了为什么它们是我们社会文化的重要组成部分。

音乐——无论是欣赏还是创作，都可以减少攻击、改善情绪，让人更容易与他人合作。因为对潮人自创摇滚或者对死亡金属音乐①的共同爱好而走到一起，是最常见的一种交友方式。一项针对一百名夜校学生的调查研究表明，与上美术和创作写作课的同学相比，那些每周上两小时音乐课的学生和他的同班同学关系更亲近。经过一个月的课程，用1级到7级对同学间的友情亲密度进行测评（**7级是最好**），歌唱班级的友情亲密度比最初提高了两级，而在艺术或写作班级里亲密度只提高了半级。然而，值得注意的是，七个月后班级间的亲密度差别缩小了，因为当班级由于学生辍学人数减少的时候（**这是夜校的共同点**），也许人们能更好地了解对方。

研究人员推测，唱歌作为一项集体参与的活动，要每个人一起参加。这种方式避免了通常"一对一"的合作模式，它需要整个组的成员打破僵局彼此联系到一起。当你作为组员唱歌的时候,你们有一个共同目标,那就是要协调一致。此外,唱歌可以释放激素,如内啡肽和催产素——这让我们感到开心、放松,并增加了信任感。

跳舞也会有类似的效果。像唱歌一样,它被认为是原始部落社会的一个重要组成部分。跳舞不仅可以形成更加牢固的社会关系,同时还可以提高一个团队的疼痛阈值。牛津大学的研究人员让264名来自巴西利亚岛的学生学习四个舞步。然后让他们表演,大家或者同步一起跳,或者个人跳个人的。跳之前和跳之后,科学家们记录了跳舞者的血压,测量仪器放在袖口,并不断充气直到被测量者感到不舒服为止。有趣的是,那些同步一起跳的人跳舞后在袖口能容忍的空气压力比不同步跳舞的人多20个单位。那些坐下来还在跟着节奏同步舞动的人甚至也显示出疼痛敏感度的下降,他们与跳舞同伴之间的亲密度也普遍提高。这个研究的发现与许多先前的研究结果一致,它们都表明跳舞时动作一致,甚至走路时步调一致,可以引导人们更信任彼此,更愿意互相帮助。

怎么跳才不僵硬

✓ 头和躯干动起来。

✗ 手臂和腿的动作不要太大。

✓ 要变换动作。　　✗ 不要把所有动作做得像机器人一样僵硬。

使用动作捕捉技巧,通过观察19个踏着鼓点节奏跳舞的男性,诺森比亚大学的科学家们做出了他们的电脑版形象。随后,37名年龄相仿的女士根据舞技为这些相貌平平的电脑版男性排序。结果表明,头、脖子、上半身和右膝的动作不同,才能获得女性的高分。

① "死亡金属"是一种兴起于激流金属之后的极端音乐,可以划为严肃音乐。它不仅用噪音、先锋古典音乐拼命地刮你已起茧的鼓膜,还用放大器把它们放大,用一种绞肉机般的力量怒吼出来。

WHEN TO TEXT NEXT
何时回复约会信息为最佳

有这样一个事实：2010年时，年轻人与某人的第一次约会，仅仅有10%是通过发短消息来约对方的。到了2013年，这个数字已经上升到了32%。据报道，三分之一的人通过发短消息来迈出他们尝试约会的第一步。

尽管通过短信、邮件、QQ或者是微信等这些远程的方式有很多好处，但是这些方式都需要等待。因此你需要一份攻略。尽管有点荒唐，但这份攻略的来源就是演员兼喜剧人阿兹·安萨里①——你能记住他可能是因为你看过极客们最喜欢看的一个电视节目《公园与游憩》。几次三番被拒绝之后，他与纽约大学的社会学家埃里克·克兰纳伯格合作，在他们2015年出版的书《现代的浪漫：一项科学研究》中，记录了如何用一种科学的方法去约会。

我敢打赌，当你收到一条来自你暗恋对象的信息时，你的第一本能必定是即刻回复——因为你不想让他们因为等你的信息而生气，对吧？

完全错误。在过去的几年里，科学家们对老鼠甚至是人做的大量实验显示——我们对一件事的期望值越高，它对我们的价值也就越高。例如，如果老鼠一推喂食工具，它就能获得食物，那么多次之后，它就不会那么急切地跑到喂食工具那儿了。因为它知道，食物会一直在那儿。你当然不是老鼠。但是，心理学家说这一原理同样适用于人类。这就是他们所说的"稀缺原理"；如果我们知道有什么东西会一直在那儿，我们就会觉得它的存在是理所当然的，那么，它在我们心中的价值也就会随之下降。反之，如果我们不知道它是否会一直在那儿时，它对我们的吸引力就大大提高了——我们的大脑会既焦虑又兴奋。科学家将其称为"回报的不确定性"综合征，这一现象能大大促进多巴胺——也就是"幸福荷尔蒙"的分泌。

　　我们发手机微信进行交流不同于我们使用其他方式进行交流，这一点也是重要的影响因素。在只有固定电话的时代，尽管长时间地等待回复，人们也会泰然自若。在有了语音信箱后，即使等上几天，人们也不会烦躁不安。然而，现在，我们人手一部智能手机，并且，一直把它拿在手上，所以，我们也期望着别人都能马上回复。现在，想一想科学家所谓的"习惯化"——指的是当一个不产生伤害性效应的刺激重复出现时，神经系统对该刺激的反射性反应逐渐减弱的现象。换句话说，在某种程度上，我们已经习惯了某些特定的刺激，这些刺激的发生非常有规律也不是那么突然。然而，当有个东西打破这一模式时，那就变得非常不一样了。

　　在安萨里和克兰纳伯格的调查中，人们表示，无论身处何处，根据之前的交流模式，更为重要的是根据与对方的关系，他们愿意过10分钟最多60分钟之后再去回复一条微信。如果你正在发微信的那个人和你不是太熟，你就不知道你们之间的谈话会如何发展。但是，我们发微信的习惯通常是立刻回复。娜塔莎舒尔博士是一位在麻省理工学院研究赌瘾问题的人类学家，她已经从能让人上瘾的老虎机上发现了类似的原因。正如她在《鹦鹉螺号》杂志上说的那样："老虎机让人们有太多的不确定感、期望以及焦虑感。你的整个身体系统都在准备接受反馈信息。你想马上收到回复，你需要马上收到回复，所以如果信息没有被马上回复，你的整个身体系统就会局促不安。当你没有及时收到回复或者一些问题没有及时得到解决时，你就不知道该做什么。"

　　当你在等待一条微信回复时，那种不确定性给你带来了刺激，这能够成为吸引力的强大基础。2011年《心理科学》杂志上刊登了一项研究。在该研究中，调查者先让男性根据脸书上的女性资料为这些女性写评语，评语分别是"最好""一般""不确定"。然后再把这些男性在脸书上的资料给其中47位女性看。令人吃惊的是，那47位女性说，最吸引她们的男性，是那些给她们"不太确定"

评价的男性——这些男人的吸引力甚至要高于那些给她们评价"最好"的男人。她们继续说道,在接下来的几天里,比起其他人,她们更会想着这些人。

时代在改变。以往,在电话中留一个简讯然后等待对方回复就像买彩票一样,那样的日子已经一去不复返了。就像舒尔博士说的那样,"在那个时代,你不会期待立即回复,甚至你可以享受等待回复的这段时光,因为你知道收到回复还需要几天的时间。但是,有了微信之后,如果你没有马上收到微信回复,即使只等十五分钟,你也可能会忍受不了。"

手机微信已经改变了我们。但是,它不必影响你的罗曼蒂克。

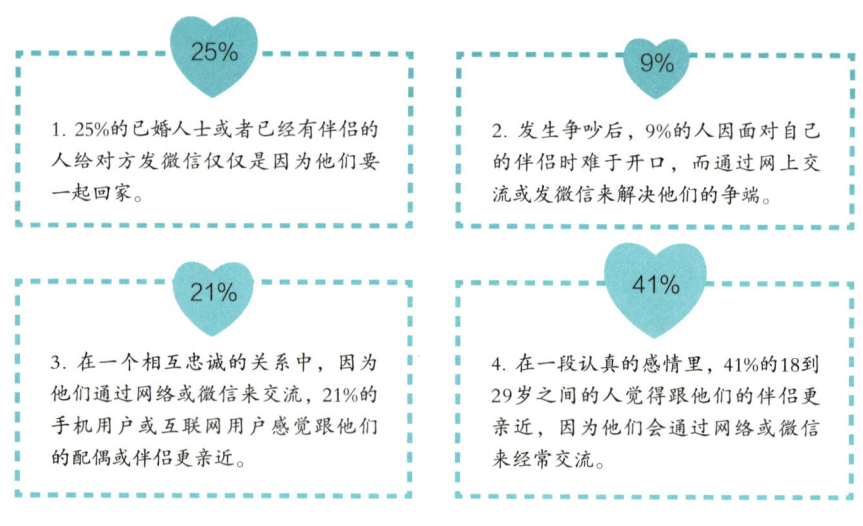

1. 25%的已婚人士或者已经有伴侣的人给对方发微信仅仅是因为他们要一起回家。

2. 发生争吵后,9%的人因面对自己的伴侣时难于开口,而通过网上交流或发微信来解决他们的争端。

3. 在一个相互忠诚的关系中,因为他们通过网络或微信来交流,21%的手机用户或互联网用户感觉跟他们的配偶或伴侣更亲近。

4. 在一段认真的感情里,41%的18到29岁之间的人觉得跟他们的伴侣更亲近,因为他们会通过网络或微信来经常交流。

① 阿兹·安萨里:演员,喜剧演员,一部《公园与游憩》让观众认识了他,后来,凭借《无为大师》获得第68届美国电视艾美奖喜剧类最佳编剧。

第四章
The
Geek
Guide
To Life

极客不一定宅，
但一定是居家达人

WHAT'S THE BEST WAY TO GET KETCHUP OUT OF THE BOTTLE?
倒番茄酱的最好方法是什么

一碗薯条或一个热狗加上番茄酱后，味道可以立即变得更好。但如果你倒的时候不小心，到头来它也可能会没法吃。

我们都经历过这样的事——无论你多么努力尝试，你就是无法让这些顽固的沙司从瓶子中流出来。更糟糕的是，你设法让它流出，它却不是整洁地倒出一条完美的线，而是一团柔软的红色物质，让你的食物在涌出的红色酸水中浸透。但不要担心，掌握一个好方法，你就会得到一条完美的细线——物理学可以确保沙司成功地倒出来。

事实上，番茄酱不容易倒出的秘密就在于它与大多数液体不太一样。物理学家把它称为"非牛顿流体"。在17世纪，著名的英国物理学家艾萨克·牛顿发现了规律：外力可以影响像水一样的普通液体。然而，也有一些不遵循这些规则的特殊物质，番茄酱就是其中一个完美的例子。这些物质本质上是"双面的"：它们可以表现得像固体，也可以像液体，这取决于你怎么对待它们。施力使番茄酱变成固体你就不可能把它从瓶子中倒出来。然而，如果过度发力，番茄酱就变成了液体，薯条就会泡在其中了。

因此，顺利倒出番茄酱的关键是要弄清楚番茄酱中的粒子是如何运转的。把它们想象成微小的撞球，当番茄酱被搁在桌子上的时候，粒子们拥作一团无法穿过彼此，也就不能流出瓶外。击打或者摇晃瓶子迫使这些粒子改变形状并且往外伸展，这意味着它们可以容易地穿过彼此。但非牛顿流体在这里有一个例外：太激烈地摇晃会使番茄酱的黏稠度发生显著的变化，它会变稀一千倍。想象一下，

极客不一定宅，但一定是居家达人

你的薯条漂在一片红色的海上……

那么，你就要知道，无论你做什么，别把番茄酱摇出瓶外。所以，不管你做什么，都摆脱不了对抗番茄酱瓶的生活。有两个有科学依据的策略可以帮你解决倒番茄酱的难题。无论是在短时间内大力摇晃还是长时间轻微摇晃都可以，但是绝对不要长时间大力摇晃。

在极客塔里，我们投入时间并且实地测验了开发番茄酱的非牛顿性能的最好方法。在铜牌位置的方法是：我们花了很长时间，缓慢摇晃打开盖子的瓶子。这种缓慢的方法促使番茄酱粒子活跃并充分地流动，不过，要提醒你的是，它现在充满危险。如果你打开盖子时摇晃，对它判断错误将带来灾难。占据第二名的方法是番茄酱在瓶子底部突然分流。最好的方法是，把瓶子翻过来倒置的同时把盖子盖上，仅需两三下强烈的摇晃，打开盖子后番茄酱就顺利地流出来了。

其他非牛顿流体		
蛋奶沙司	血液	油漆
牙膏	香波	蜂蜜

HOW TO BOIL THE PERFECT EGG
如何煮出完美的鸡蛋

> 你觉得早上吃的鸡蛋怎么样？慢火煮当然是最简单的方法之一，并且你能用面包蘸上柔软的、流淌下来的蛋黄，这是对你的奖励。但是如果你有过煮鸡蛋的经验，你肯定会注意到这种方法的一个根本性缺点：想要同时获得煮得恰到好处的蛋白和蛋黄是非常困难的。

煮鸡蛋时，你通常会尽全力把蛋黄煮得恰到好处，但结果包围着它的却是未成型的夹生蛋白。产生这种差异的原因就在于，鸡蛋的蛋白和蛋黄这两部分的化学构造是不同的。

受这个长期存在的问题的激励，科学家们下定决心要攻克这一难题：如何才能煮出最好的鸡蛋？英国埃克赛特大学的物理学家查尔斯·威廉姆斯在大量的细节中研究了这个问题。他的研究成果产生了下面的最佳烹煮时长公式：

$$T = 0.451 M^{2/3} \ln 0.76 \times \left[\frac{(T_{egg} - T_{water})}{(T_{yolk} - T_{water})} \right]$$

即使你不懂数学也别担心，我们会简单地为你解释它。方程式简单地描述了烹饪的总时长取决于鸡蛋的质量（M）、鸡蛋的初始温度（Tegg）和蛋黄所需的温度（Tyolk）。我们假设煮鸡蛋的水温（Twater）为100℃。

那么，一个完美的熟蛋黄所需的理想温度是多少？最终的答案是63至65℃之间。超过这个温度，蛋黄就会开始变得像糖浆一样黏稠——不是蘸面包的理想状态。让我们假设你的鸡蛋是直接从冰箱里拿出来的（所以鸡蛋的温度是4℃），将蛋黄所需的63℃代入威廉姆斯的公式中。

这样我们就可以知道：一个小鸡蛋（47克）需要煮四分钟；一个中等大小的鸡蛋（57克）需要四分半钟；一个大鸡蛋（67克）需要五分钟。对于温度和室温（20℃）相同的鸡蛋来说，小鸡蛋时间缩短到2.9分钟，中等大小的缩短到3.3分钟，大鸡蛋缩短到3.7分钟。

所以，如果你想用极客的方式煮鸡蛋，这是一个好的起点。不过，说实话，你并非总想让沸水参与其中。由于蛋白和蛋黄的化学结构大相径庭，它们的烹饪

在珠穆朗玛峰上煮鸡蛋

我们提到过，煮一个恰到好处的鸡蛋，关键之一是用100℃的沸水煮，但它对于煮蛋黄和煮蛋白来说都不是理想的温度。利用水槽调节温度或许是一个解决办法，但你尝试着爬到山上去煮鸡蛋也不失为一种替代性的方法。

这是因为水在海平面上的沸点只有100℃。但随着海拔的升高，气压对水分子的压力也就相对变小，这就意味着气压对水分子的影响减少，水的沸点也就随之降低。海拔只需上升500米，水就会在99.5℃沸腾。当海拔上升到3000米（相当于加拿大落基山上的堡垒酒店的海拔高度）时，沸点就会跌到90℃以下。

当你到达珠穆朗玛峰山顶即8848米时，你可以把鸡蛋放入仅在70℃就翻滚沸腾的水中。虽然水在沸腾但水温不会再升高。这几乎是煮绵软蛋黄的理想温度，但遗憾的是，这个温度不足以煮熟你的蛋白。因此，你终究还是得借助水槽温控技术来煮蛋黄，另外再用平底锅将蛋白煎熟。除此之外，难道还有更好的方式庆祝你站在世界之巅吗？

时长也就不尽相同，63到65℃是煮蛋黄的最佳水温，而煮熟蛋白的最佳水温大概是82℃。因此，将整个鸡蛋扔进沸水中并不是明智的选择。

2011年，一家名为《食品生物物理学》[1]的杂志上刊登了一篇题为"烹饪生物物理学：60多摄氏度煮蛋的技巧"的研究报告。文中指出一个结论，水温和时间都是烹煮蛋黄的关键因素。这项由塞萨尔·维加和鲁本·赛卡迪·普列托携手完成的研究告诉我们，在一个水温控制在60℃到66℃的煮锅里烹煮鸡蛋，你能根据自己对蛋黄黏稠度的喜好来决定烹煮时间（蛋黄黏稠度与烹煮时间的比例关系见如下图表）。

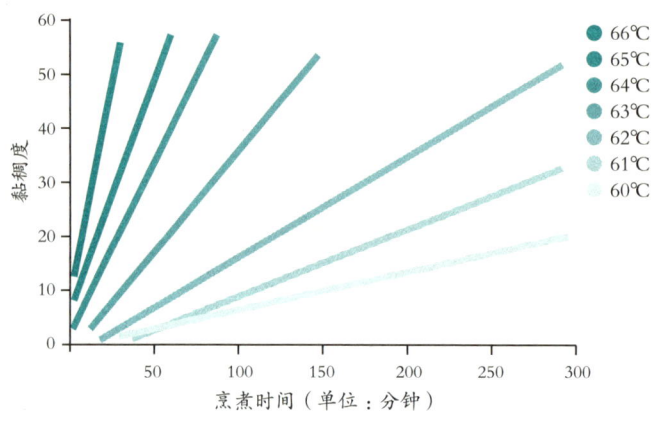

食品	黏稠度	食品	黏稠度
鲜奶油	0.02	蛋黄酱	12.1
生蛋黄	0.09	即食巧克力布丁	13.8
煎饼糖浆	0.96	蜂蜜	18.3
巧克力糖浆	1.4	能多益（巧克力酱品牌）	28.1
酸奶油（脂肪含量17%）	2.9	糖霜曲奇（现烤）	29.3
希腊酸奶	3.0	牙膏	43.8
糖浆	3.3	马麦酱[2]	43.9
甜炼乳	6.8		

煮出无可挑剔的蛋黄的理想温度

没有水浴？

把鸡蛋放入沸水中煮30秒然后加冰。

举个例子，把鸡蛋放在63℃的水中煮一个小时左右，就会导致蛋黄比蜂蜜还要黏稠些。然后，剥掉蛋壳，将鸡蛋在平底锅里翻几下，直至蛋白煮至半熟，蛋黄即将挤破蛋白流出时关火。

这种方法的产物是惊艳的，你可能再也找不到比这更美味的鸡蛋了。然而，我们意识到并非人人都有控温水槽，并不是每个人都愿意花一小时来煮鸡蛋，或者说人们可能更喜欢一个完整的煮蛋。

如果你是以上这几类人之一，别着急，我们还有一个更为方便快捷的方法。这个方法是主厨J.珍基·洛佩斯·亚特[3]在他的书《食物实验室：通过科学实现更好的家庭烹饪》中提到的。首先，将鸡蛋放入沸水中烹煮30秒钟，然后加入冰块使得水温下降到82℃。在关火之前，尽量保持这个水温不变。如果你喜欢吃溏心蛋，就在六分钟之后关火；如果煮老了的鸡蛋才是你的口味，就在十一分钟之后关火。

① 《食品生物物理学》主要发表调查研究的学术报告，专注于研究食品的结构、属性、功能在物理结构和化学结构上的区别以及食品材料的分子结构和性能之间的关系。
② 有两种类似的食物抹酱共享了马麦酱这一名称：一种是英国式马麦酱，最初在英国生产，后又在南非生产。另一种是新西兰式马麦酱。马麦酱是由酿酒酵母提取物（一种生产啤酒时产生的副产品）制成的。
③ 亚特是一位厨艺精湛的厨师，Cook's Illustrated杂志的前编辑。他的第一本书《食物实验室》是《纽约时报》专栏畅销书。在2015年获得詹姆斯·比尔德奖，并被国际烹饪专业协会评为年度食谱。

SHOULD YOU TRUST THE "FIVE-SECOND RULE"?
你该相信"五秒惯例"吗

拜托，我们都这么干过。你在准备食物的时候，一不小心有一些掉在了地上，还没来得及引用著名的"五秒惯例"向讨人嫌的旁观者佐证自己的做法，你就迅速地捡起来并吃掉了它。

    五秒惯例是指任何掉在地上的食物在五秒内被捡起来是没有时间变"脏"的，仍可安全食用。这条坊间传闻在世界各地的说法略有不同，有人声称时间应该更短，一部分人则认为可持续更长。但这到底只是虚构的还是能被科学研究所证实呢？

    美国的高中生吉利·克拉克早在2003年率先研究了此事，当时的她通过主动申请正在微生物实验室实习。她将大肠杆菌引入地板砖里，然后把小熊软糖放在上面5秒钟。在她的实验中，小熊软糖在那样短的时间内就沾上了细菌。

    2007年所做的一项研究证实了以上实验。这项研究当时被克莱姆森大学的保罗·道森教授发表在《应用微生物学期刊》上。他用容易引起食物中毒的沙门氏菌污染了地板砖表面，然后将博洛尼亚香肠片扔在瓷砖上。结果几乎所有的细菌在五秒之内就转移到了香肠上。然而，在地毯上，几乎没有细菌沾在食物上。在木质品表面，细菌的转移速率介于5%到68%之间。所以，很明显，表面的材质对此有很大的影响。

2014年英国阿斯顿大学所做的一项研究证明了上述研究结果。安东尼·希尔顿教授组织一队生物学学生，把吐司面包、意大利面、曲奇饼干和黏糊糊的糖果扔到被大肠杆菌和金黄色葡萄球菌污染了的地毯和两层压木质地板上。希尔顿的团队找到了支持道森研究成果的证明——地毯是最不可能将细菌转移到掉落食物上的材质。一般来说，干燥的食物沾上的细菌也比湿润的食物少。研究人员还发现食物上的细菌数量在食物掉在地上的3秒到30秒之间增加了10倍。

看来，结论似乎是：五秒惯例并不完全准确，当食物接触到地板时细菌就立即开始往食物上转移了。但不管怎样，只要你在五秒之内捡起食物，至少还限制了污染的继续。一定不要再等下去。的确是你的判断要求你这么做——如果你把湿润的食物掉在瓷砖上，最好是扔掉它。但是，如果你把干燥的食物掉在地毯上，也许你可以尝试用五秒惯例。最后一点：孩子和上了年纪的老人应该完全摒弃"五秒惯例"，因为他们的免疫系统通常比普通成年人的要差。

HOW TO MAKE THE PERFECT CUP OF TEA
如何泡出口感极佳的好茶

我们都醉心于饮茶，以至于历史上的几次冲突都跟它有一定的关系。例如中英之间的鸦片战争，抑或是在18世纪引发美国独立战争的波士顿倾茶①事件。

今天，茶叶依然是大宗商品。2016年全球茶市场的市场估值为380亿美元。按照每人每年对茶叶的消费量排名，英国仅排在第五位。你也许会吃惊，英国竟排在毛里塔尼亚、爱尔兰、摩洛哥和土耳其之后。每个土耳其人每年能消耗7.5千克茶叶。

随着数量庞大的茶在世界各地被人们饮用，围绕着怎样泡出一杯好茶的讨论能引起科学界的注意就显得不足为奇了。为了找到泡出一杯好茶的方法，2003年，英国皇家化学学会向英国拉夫伯勒大学的化学工程师安德鲁·斯特普利博士寻求帮助。

斯特普利博士的第一条小建议是避免使用茶包，只泡散装茶叶。尽管大多数人都使用茶包，但说到底它不过是个意外的发明。茶商托马斯·沙利文把茶叶装在小的丝绸袋子里送货给他的客人，但他的客人们却阴差阳错地把整个袋子放在热水里来泡茶。人们想出了一个更便利的主意，于是就有了纸质茶包来代替了真丝茶包。

根据斯特普利的建议，你应该烧开一壶新鲜的软水，同时将盛有四分之一杯水的陶瓷茶壶放进微波炉里加热一分钟。这是为了给茶壶预热，一旦水壶里的水烧开了，你就应该马上倒掉陶瓷茶壶里的水。按照每杯茶一茶匙茶叶的量将散装的阿萨姆茶叶放入茶壶，然后立即倒入开水并搅拌它。斯特普利博士建议冲泡三分钟即可。

接下来的做法具有争议。斯特普利博士称，在将煮好的茶倒入陶瓷杯之前，先往杯子里加入一些冰牛奶。国际标准化组织通过的茶条例ISO3103[②]也提倡先加入冰牛奶。这是为了使牛奶能被倒进来的茶均匀加热,以防牛奶中的蛋白质凝结在一起形成一层奶皮,就是有时你在茶的最上面看到的那层。此外它还认可牛奶可以帮助茶水更快地降温,就像斯特普利说明的那样——最佳饮用温度是60到65℃之间,这是为了避免因茶水过烫而发出不雅的呷茶声。如果必要的话,他建议在茶中放入茶匙让茶凉得更快。

然而,提醒一句:这个建议适用于用茶壶中煮出的茶。如果你一开始就准备用茶包泡茶,那么无论如何都不要先将牛奶倒入杯子里。因为牛奶会降低水温,致使茶不能被充分沏泡。

清单
1. ☐ 散装的亚洲茶叶
2. ☐ 软水
3. ☐ 新鲜的冰牛奶
4. ☐ 白糖
5. ☐ 水壶
6. ☐ 陶瓷茶壶
7. ☐ 大陶瓷杯
8. ☐ 细孔滤茶器
9. ☐ 茶匙
10. ☐ 微波炉

泡出一杯好茶的科学小窍门
- 用散茶,不用茶包。
- 微波炉预热陶瓷茶壶。
- 每杯茶用一茶匙的茶叶。
- 冲泡三分钟。
- 在倒入茶水之前先往茶杯里加入冰牛奶。
- 在60℃到65℃之间饮用。

---

① 英国东印度公司垄断茶叶贸易的事件。波士顿倾茶事件是一场由马萨诸塞波士顿居民对抗英国国会的政治示威。它是北美人民反对殖民统治暴力行动的开始,是美国革命的关键点之一。
② ISO 3103是一项由国际标准组织(通称ISO)所制定的标准,其中详细说明了一种标准化的泡茶方法。

HOW TO ARRANGE THE FOOD IN YOUR FRIDGE
怎样给冰箱里的食物分类

> 如果你和普通人一样，那你大概不会去想那么多——这些东西应该放在冰箱的什么位置。每当你从超市满载而归时，你通常都胡乱地将所有东西随意放在冰箱的架子上，而且每次它们的排列都和上一次不一样。但这种方法存在一个问题：食物浪费。

据估计，我们买的食物中有30%都被我们浪费了，每年因不需要而丢弃的食物超过十亿吨。我们丢弃的不仅仅是食物——想想化肥和农药，它们浪费在你不吃的食物上，在食物的运输途中还排放了温室气体，就连它们到了垃圾堆里腐烂时还制造了沼气。

解决这个问题的方法在于，让你的食物发挥出最大的价值，并尽可能使它能存放得更久。落到实处，你可以通过把你购买的物品放在冰箱的不同区域，即将特殊的食品放在冰箱特定位置，以提供最佳温度存放它们。此方法还能减少你所需的物品，让更多的钱放在自己的口袋里。

那么应该如何分类呢？是这样的，我们很多人都熟悉的"暖空气上升"原理并不完全正确。暖空气上升并不因为它温度更高，而是相对更重的冷空气下沉，迫使底部的暖空气离开。不过，这也意味着你冰箱底部的架子比起顶部的架子维持着一个更低的温度。所以，你应该将生肉、鱼和家禽肉之类的食物储存在冰箱的下半部分。最好是将它们放在最底层的架子上，防止生肉的汁液滴在别的食物上。相反地，上层温度较高的架子上放些对温度不敏感的食物,比如软饮料、熟肉制品和剩菜。当然,一定不要把还是热着的剩菜放在冰箱里,这样会使周围的温度快速升高。

但冰箱里有一个区域的温度比顶层架子的温度还要高,那就是冰箱门(上的架子)。每次你打开冰箱的时候它们都会升温。所以,即便很多人都经常这么做,你也千万不要把牛奶放在冰箱门上——否则它变质的速度会更快。将你的牛奶和其他乳制品放在冰箱中层的架子上,将调味品和不易变质的物品放在冰箱门的架子上,比如橙汁等。人们(包括作者)普遍都会犯的另一个错误是将面包、水果和红酒储存在冰箱的顶层。这是冰箱中温度较高的一个区域,它会导致食物更快变质。

别忘了,不是所有的食物都应该放在冰箱里。2003年一份发表在《食品化学》杂志上的研究,着眼于研究番茄的香味,将番茄分别保存在4℃和20℃的环境中

架子:
1.熟肉制品
2.剩菜
3.牛奶
4.酸奶
5.奶酪
6.黄油
7.生肉
8.鸡蛋
9.鱼

冰箱抽屉:
10.水果
11.蔬菜/沙拉

冰箱门:
12.调味品
13.果汁

极客不一定宅，但一定是居家达人

进行研究。他们发现，即使是短时间地将番茄存放在冰箱内，还是会对番茄的香味产生负面影响。所以最好是将它们放在外部台面上。此外，土豆应该被储存在黑暗的橱柜里。根据爱达荷大学[1]研究者们的说法，阴凉的环境最有利于生土豆的储存，它能防止土豆发芽。由此看来，大蒜和洋葱同样应该被放在橱柜里。鸡蛋的储存环境还真不好下定论。将它们放在冰箱里，一方面不易碎，另一方面能够保存很久，但与此同时，它们壳上的气孔使得它们的质量易受附近食物的影响，而那些食物的气味大多较重。

最后一个"禁止"小贴士：不要将打开的食物罐头放进冰箱里。据华威大学[2]称，这样做的话，金属将更容易转移到食物上。

---

[1] 爱达荷大学是一所历史悠久的公立大学，创建于1889年，以通识教育著称。2008年被基普林格列入100所最有价值的公立大学，被《美国新闻与世界报道》一贯认为美国"国家顶级的博士学位授予大学"。
[2] 华威大学，世界百强名校，英国顶尖研究型学府，位于英国英格兰中部华威郡和考文垂市的交界处。

HOW BEST TO STACK THE DISHWASHER

如何最恰当地在洗碗机里摆放餐具

洗碗机是我们最方便省时的发明之一。我们足够幸运能拥有洗碗机，那些趴在厨房洗碗池边上疯狂地用力擦洗餐具的日子，如今已经一去不复返了。

除了省时省力，洗碗机对环境也更有利。德国波恩大学的研究者们的一项研究发现：与普通人工洗碗相比，洗相同数量的碗，洗碗机只用了一半的能源、六分之一的水和很少的洗碗液。即使是最省时节俭的人去洗碗也就只能勉强跟上洗碗机的效率。此外，洗碗机还能更有效地杀菌，因为它们能使用超过人类皮肤接受范围的高温水洗碗。再者，《应用生物学报》上发表的相关研究表明，厨房海绵附着的细菌比马桶坐圈和马桶的排泄物细菌多20万倍。

洗碗机的确是一种进步，但仍然有一些打破常规的方式能使洗碗机达到最好的清洁效果。为了找出洗碗机内摆放餐具的最好方式，英国伯明翰大学的工程师 劳尔·佩雷斯·莫埃达诺和他的同事们在洗碗机内装满了放射性示踪剂，用来查看水在里面是怎么流动的。他们的技术——正电子发射粒子追踪——类似于医生使用正电子发射断层扫描技术去看身体的不同部位是如何工作的。

佩雷斯·莫埃达诺团队的研究结果发表在《化学工程》期刊上，研究结果表明，最好的摆法是将所有的盘子面朝里摆放成一个圆形。考虑到在大部分传统的洗碗机内都是一贯"一行接一行"的摆放形式，摆成圆形有些困难，但你可以四处摇晃一下得到一个类似的摆法。这么做是有它的道理的，你可以这么想，水是从洗碗机中间的一个装备中以圆形的方式旋转喷洒出来的。以矩形方式排列整齐的碗，就像接受检阅游行的士兵一样，这也意味着一些碗比另一些碗被更多的水冲洗。同样地，不要将洗碗机装得太满，这是为了防止水在里面自由流动。上述情况也适用于将更大的物品放在旋转臂的路径内。

佩雷斯·莫埃达诺还建议将你的盘子根据污渍的类别进行分类。沾着蛋白质污渍的，例如蛋黄和奶油冻，彻底分解蛋白质需要缓慢地与水化合，但是不要用高速水流的力量强行冲走它们。清洗这种类型的盘子，最好的位置是洗碗机底部架子的边上。碳水化合物污渍，例如土豆和番茄，需要大量冲洗，所以应该放置在水流喷射速度最高的地方。佩雷斯·莫埃达诺的发现表明：这个地方应该在顶部架子的中间位置，旋转臂的正上方。另外，把不属于这两类污渍的物品放置在底部架子上蛋白质弄脏的盘子围成的圆圈内。

最后一点需要注意的是，把盘子放进洗碗机之前，要不要在洗碗池中提前冲洗一下？不要这么麻烦了！这会使清洁剂无所依附，只能沾在玻璃上，到最后反而清洗不干净。你只需要刮掉上面的食物残渣，然后就可以很好地继续接下来的步骤了。

小贴士

1. 碳水化合物（糖类）污渍的物品放在顶层架子的中间。保存在架子上处理。

2. 杯子和碗面朝下放置。

3. 较小的物品放在中间。

4. 不要将餐具装得太满或者重叠放置。

5. 将刀具头朝下放在篮子里。

6. 确保清洁剂阀瓣不堵塞。

7. 围绕一个中心把盘子排列成一个圈。

8. 不要预先冲洗。

HOW TO STOP CRYING OVER YOUR ONIONS
如何不再被洋葱呛出眼泪

你切着洋葱，眼睛里泪水却越积越多，什么都看不清楚，最后只好为做不成这道菜哀伤不已。换句话说，你搞砸了，眼睛还哭肿了。

早在2002年，日本的一个科学家小组就破解了你在切洋葱的时候要伸手去拿面巾纸的秘密。研究结果发表在《自然》杂志上，他们描述了在开始的时候如何去处理洋葱在地下生长时从土壤中吸收的硫黄。当你切洋葱时，你切开了它们的一些细胞从而释放出化学物质，这种物质混合形成一种念起来绕口的名为"丙硫醛-S-氧化物"的物质。它释放到空气中后接触到你的眼睛，并在你的眼睛中与水发生反应形成一种酸。这种酸刺激了你的角膜，促使你的泪腺涌出泛滥的泪水来把它冲走。据美国布兰戴斯大学的生物学家所说，动物使用类似的防御机制已达5亿年之久。

鉴于这是一个普遍存在的问题，就有了一大堆关于老妇人如何控制眼泪的故事并广为流传，这也就不足为奇了。从在嘴里含面包或是借助银勺子到在附近点蜡烛，种种方法，不一而足。但事实上，这些努力都是无用的。你真正要做的是尽可能阻止"丙硫醛-S-氧化物"这种物质接触你的眼球。这里有一些明智的方法可以做到这一点。

首先，确保你有一把非常锋利

小贴士

- ✗ 不要被老妇人的故事干扰。
- ✓ 用一把锋利的刀切洋葱，以避免不必要的细胞损伤。
- ✗ 不要切断洋葱的根。
- ✓ 在切之前冷藏洋葱。
- ✓ 在风扇或抽风机附近切洋葱。

的刀去切洋葱。这将限制你破坏洋葱细胞结构的数量，也就意味着有更少的催泪化学物质被释放出来。与鳞茎的其他部分相比，洋葱的根中含有更多的硫黄，所以当你切剩余部分的时候，保持根部是完整的。你也可以通过降低洋葱的温度以减缓这些化学物质变成"丙硫醛-S-氧化物"的速率——在切洋葱之前把它在冰箱里放一会儿。有些人想到在水中切洋葱可以帮助冲洗掉化学物质。这种方法虽然奏效，但是很难付诸实践。锋利的刀子加上湿滑的双手，似乎注定它不是个好主意。然而，你可以在风扇附近或是烤箱排风扇的下面切洋葱。

当然，剩下的唯一一个万无一失的方法，可以完全无泪的方法，是阻止任何气体进入你的眼睛。这可能需要你戴着一副泳镜，不过戴着泳镜切洋葱确实太过了！

洋葱的化学结构：

HOW TO MAKE FOOD TASTE BETTER
如何让食物更加美味

> 我们在生活饮食上费尽了心思，不妨好好享受它们。我们为何要浪费时间去吃味道只是过得去的东西呢？有这么一个烹饪挑战，它主张，我们一直到处去搜寻与众不同的方法，让食物变得更加美味。

我们在吃东西时，我们周围的环境可以影响我们吃食物的口味，这听起来也许令人惊讶。查尔斯·思朋斯教授是来自牛津大学的实验心理学家，他与包括赫斯顿·布卢门撒尔[①]在内的顶级大厨进行合作，开始了一项挑战，这项挑战属于他的研究领域，他称此领域为"美食物理学"。

思朋斯教授的研究发现，能提高你餐食味道的主要因素之一是音乐。思朋斯招募了700多名志愿者，要求他们在听6种不同类型音乐的同时去评价各种各样的外卖菜肴，评价标准是最低一分，最高十分。他的结论是，某些类型的音乐让我们给予特定类型的食物更高的评价。例如，独立音乐会提高我们对印度食物的评价。如果你平常不喜欢泰国菜和日本寿司，也许你应该听着爵士音乐再尝试一次。有趣的是，贾斯汀·比伯的歌曲，说真的，它们一如既往地降低了人们对各种类型食物的评价。

你还会根据食物的呈现方式对食物分别品尝——特别是盛菜的盘子的类型。加拿大纽芬兰纪念大学的彼得·斯图尔特研究了当食物分别盛在黑色、白色、正方形或是圆形的

盘子上时，食物的口味和质量会得到怎样的评价。对于相同的食物，圆形的白色盘子会使评价提高。因而你选择的用餐餐具也很重要。2013年，思朋斯在《味道》杂志上发表了一篇文章，该研究调查了你用来吃饭的餐具的尺寸、重量、形状和颜色对食物味道产生的影响。想让你的餐后甜点尝起来更美味吗？那就用小

> **小贴士**
> - 为你的外卖配上合适的背景音乐（永远不要选贾斯汀·比伯的歌）。
> - 用圆形的、白色的盘子盛食物。
> - 使用较重的餐具。
> - 执行一个快速任务来延迟吃它的时间（例如，拍张照片）。

勺子吧。随后的研究发表在同一本杂志上，研究者也包括思朋斯，参与者最后在被询问愿意为他们刚刚吃过的三道菜支付多少钱时，那些用较重餐具吃饭的人比那些用轻质刀叉和勺子吃饭的人报价要高出15%。

我们的下一条建议是有争议的，它可能会打破社交媒体的一大禁忌：为你的食物拍照。我们都会对那些总是在朋友圈里发布他们早餐照片或聚餐照片的朋友发出啧啧的厌烦声，但也许拍照会使他们的早餐吃起来更美味。一篇发表在《消费者营销》杂志的研究发现：在吃不健康的食物之前拍照，比如红丝绒蛋糕，会让它的味道更可口。不幸的是，对健康食品拍照却没有这样的效果。研究者们总结发现，这种使味道变好的方法的原理在于你吃掉食物之前停下来品尝了它。这为2013年《心理科学》杂志上发表的一篇研究文章提供了论据支持，该研究通过在吃东西前先完成一个快速任务来拖延吃东西的时间来提高参与者们对食物的感知。所以，似乎拍照片这个行为才是最重要的——当然照片没有必要发布在网上！

 在吃蛋糕之前给你的蛋糕拍照可以使它 **变得更美味**

温度和味道

　　许多食品包装上都有一条常见的警语："确保在加热后食用食物"。同时，你也应该确保食物是真的熟透了。在食物热气腾腾的时候去品尝它，也许并不是它口味最佳的时刻。这是依据一篇研究所说，研究发现，食物超过35℃时味觉的灵敏度会降低，该研究由比利时鲁汶大学的卡雷尔·佩雷斯所写并发表在《细胞与分子生命科学》上。

　　这不是科学家们第一次发现温度和味道有直接的联系了。早在2000年，研究人员阿尔贝托·克鲁兹和巴里·格林就发现，多达半数负责味觉的神经细胞会对温度变化做出相应反应。此外，他们发表在《自然》杂志上的研究发现，给舌头加热或降温会产生有味道的感觉，即使试验者实际上没有吃任何食物。看起来我们当中大约有四分之一的人是那些所谓的"品酒师"。温暖味蕾会唤醒甜蜜的滋味；冷却舌头会流下酸涩的味道。

　　加拿大布鲁克大学的研究人员进一步巩固了温度和味道之间的联系。志愿者们被要求试吃化学制品，这些化学制品能产生甜、酸、苦和涩的味道。这些样品在5℃的环境中，或是在35℃的环境中进行实验。在这两个温度中，人们对甜味的感知没有差别，但涩味和酸味在热溶液中味道会更强烈并且持续的时间更长。在低温液体中，苦味变得更加强烈，但与温暖溶液相比，香味却消失得更快。

　　考虑到温度和味道之间的联系错综复杂，阿肯色大学波林·莫尼带领的研究者们想知道，我们吃东西时所喝的饮料温度不同是否会产生不同的影响。例如，北美人经常会用冷饮配他们的食物。在欧洲，接近室温的水更受欢迎。此外，亚洲人吃饭时会喝热饮，比如他们的食物旁边会放着一杯茶。研究者在参与者们分别用4℃、20℃和50℃的水漱口五秒钟之后给他们吃黑巧克力。他们的研究结果发表在《食品质量与偏好》杂志上，研究表明，巧克力的味道和奶油般的口感在最冷的水中被消耗掉了，人们对甜味的感知强度降低。研究者们推测这也许就是美国人偏爱高糖食物的原因之一，即喝冷水使舌头对甜味的感知减弱，所以他们需要摄入更多的甜食。

　　想知道温度与味道之间清晰的联系，你应该用不同温度的食物进行试验，看看它们是否对你产生不同的影响。当然，看起来滚烫的食物并不总是最好的。

---

① 以研究食品化学成分而闻名，他是"分子厨艺"的践行者，招牌技术之一就是在烹饪过程中用真空罐使泡沫膨胀。他与众不同的菜谱中包括鸡蛋、熏肉、冰淇淋和蜗虫麦片粥，还曾以200万英镑身价获得英伦厨师富豪榜第十名。

104/105

极客不一定宅，但一定是居家达人

发展简史

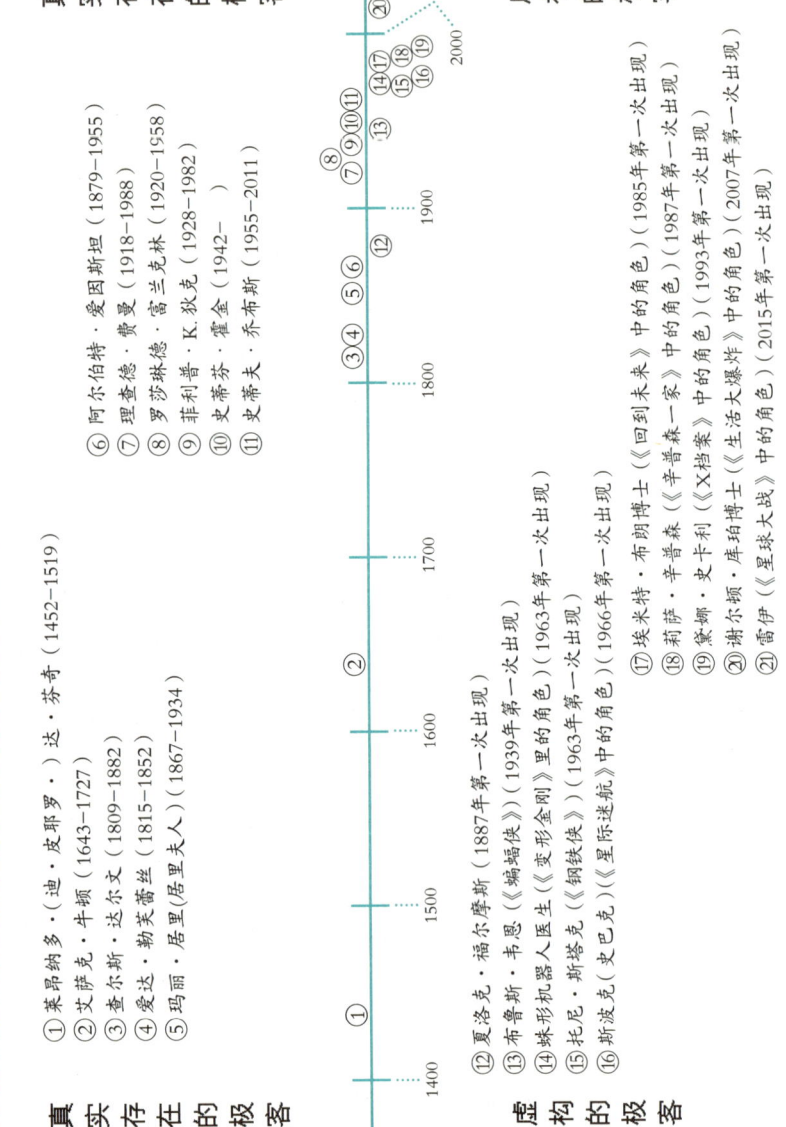

真实存在的极客

① 莱昂纳多·迪·皮耶罗·达·芬奇（1452—1519）
② 艾萨克·牛顿（1643—1727）
③ 查尔斯·达尔文（1809—1882）
④ 爱达·勒芙蕾丝（1815—1852）
⑤ 玛丽·居里（居里夫人）（1867—1934）
⑥ 阿尔伯特·爱因斯坦（1879—1955）
⑦ 理查德·费曼（1918—1988）
⑧ 罗莎琳德·K.富兰克林（1920—1958）
⑨ 菲利普·K.狄克（1928—1982）
⑩ 史蒂芬·霍金（1942— ）
⑪ 史蒂夫·乔布斯（1955—2011）

虚构的极客

⑫ 夏洛克·福尔摩斯（1887年第一次出现）
⑬ 布鲁斯·韦恩（《蝙蝠侠》）（1939年第一次出现）
⑭ 蛛形机器人医生（《变形金刚》里的角色）（1963年第一次出现）
⑮ 托尼·斯塔克（《钢铁侠》）（1963年第一次出现）
⑯ 斯波克（《星际迷航》中的角色）（1966年第一次出现）
⑰ 埃米特·布朗博士（《回到未来》中的角色）（1985年第一次出现）
⑱ 莉萨·辛普森（《辛普森一家》中的角色）（1987年第一次出现）
⑲ 黛娜·史卡利（《X档案》中的角色）（1993年第一次出现）
⑳ 谢尔顿·库珀博士（《生活大爆炸》中的角色）（2007年第一次出现）
㉑ 雷伊（《星球大战》中的角色）（2015年第一次出现）

第五章
The
GeeK
GUIDe
To Life

极客如何
打发休闲时光

HOW TO ROCK AT ROCK, PAPER, SCISSORS

石头、剪刀、布轻松制胜

> 石头、剪刀、布是解决争端的最快方式，但它真的是完全随机的吗？科学家的回答是否定的。你可以用他们的研究成果在游戏中赢得优势。

你可能认为，游戏中的三种策略是等可能出现的，但1998年日本的一项研究表明，出石头的概率是35%，出布的概率是33%，而出剪刀的概率只有31%。得益于脸书上的石头剪刀布游戏，科学家们对160万玩家的1000万个选择进行了统计分析。分析结果支持了日本的研究：出石头的概率是36%，出剪刀的概率是34%，出布的概率是30%。可见人们更愿意出石头。

所以你应该出什么呢？这取决于你的对手是谁。新手更容易先出石头，所以你可以试着先出布。如果你的对手也

HELLO, WORLD

小贴示

- 保持出手随机。
- 小心对手再次使用上局获胜时使用的手势。
- 当对手输掉的时候，观察他们的出手顺序是否跟游戏名字（石头、剪刀、布）相同。
- 闭上眼睛玩。

极客如何打发休闲时光

这么想,那么他也会出石头,这样就形成一个平局。更糟的是,他可能出剪刀把你的布一分为二。专家们的建议是先出剪刀。这一策略在2005年的伦敦克里斯蒂拍卖行①就非常有效。一位日本艺术收藏家无法决定是让克里斯蒂拍卖行还是让其对手苏富比拍卖行②来拍卖他的藏品,所以他请两者通过石头剪刀布来决定。一位克里斯蒂拍卖行雇员的女儿建议他们先出剪刀,因为对手会认为他们会先出石头而先出布。克里斯蒂拍卖行决定先出剪刀,最终他们赢得了百万美元的佣金。

先出剪刀可能让你在开局取胜,但如果玩的是多轮游戏又该怎么办呢?答案是越随机越好。一个有经验的对手会抓住你任何模式化的策略。所以不让对手猜出你下一轮的行动是最好的。

这看起来是一个关于概率的游戏,但实际上它更近心理学。2014年的《自然》杂志发表了一篇研究中国游戏比赛的文章。研究者发现,如果玩家赢了一局,那么他很可能在下一局使用相同的手势,所以如果他上一局用石头取胜,那么他下一局也会出石头。相反的,如果玩家输了一局,他会更换输掉的手势。而且,他的选择顺序会依照游戏的名字——如果他出石头输了,他会换成布,接下来就换成剪刀。努力去识别对手的模式并且小心自己不要也陷入这个模式——要保持手势的随机。

一个使游戏更精彩的方法是引入更多可能的手势。两个熟悉的人在玩石头、剪刀、布时有75%的概率会出同样的手势并且导致平局。受此启发,一位美国软

| 石头 | 布 | 剪刀 | 蜥蜴 | 斯波克 |

极客如何打发休闲时光

件工程师山姆·卡斯发明了石头、剪刀、布、蜥蜴、斯波克③。这个游戏出现在极客们最钟爱的电视剧《生活大爆炸》上之后更是风靡全世界。(规则如图)

如果前面所有的招数都不起作用,那么可以考虑闭上眼睛。一项研究发现,当有一方看不到时,游戏会出现更多平局。而且在这种情况下,赢家往往是看不到的那个。

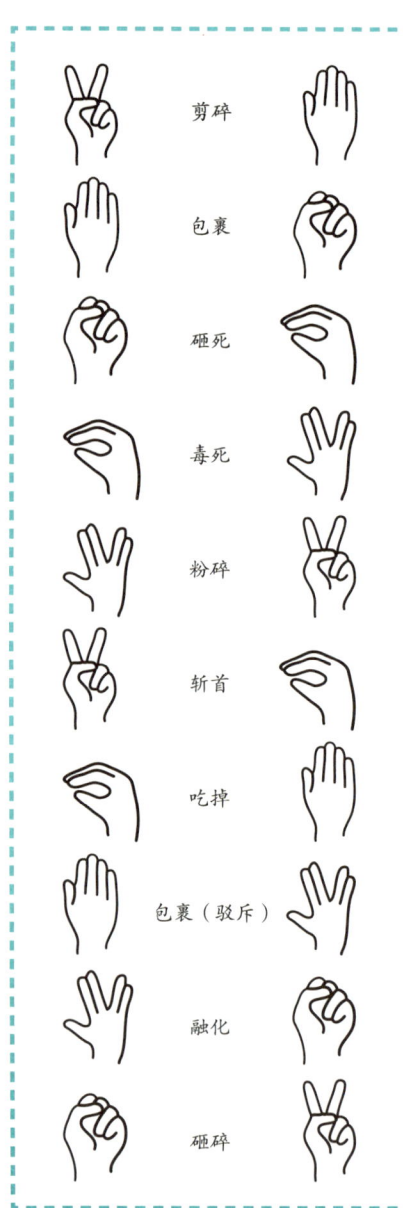

① 又译为佳士得,该拍卖行创立于1766年,总部设于英国伦敦。
② 世界仍在经营的四所最古老拍卖行之一,总部位于纽约。
③《星际迷航》原初电视剧的主角之一,他是该剧长期角色中的唯一一位外星人。

HOW TO KICK SOME SERIOUS ASS AT MONOPOLY
如何成为了不起的大富翁玩家

你知道的,圣诞节其实每年都差不多:太多的火鸡、又一双袜子或者是在生火做布丁时错过了女王的演讲。之后,当你吃饱喝足窝在舒适的椅子上昏昏欲睡的时候,就会有些远房亲戚振奋精神,大喊"有人要来一局大富翁吗"。问题在于:你如何才能轻松获胜?因为想要浇灭游戏发起者热情的唯一方法就是让他们尝尝惨败的苦果。

让我们从一个简单的事实开始:人们最常走到的一个格子就是监狱。仔细一想,原因就很明显——这是有最多进入方式的格子。有写着"进监狱"格子;一个"机会"或者"公共基金"卡片也能让你身陷囹圄;三次双倍投掷会让你成为罪犯;甚至你只是路过("探监")都会让你进入这一格。

现在,相比其他格子,你知道你的对手最容易来自监狱,想到击败他们的邪恶计划了吗?哪一个资产最容易落脚?哪一种颜色的地块最值得购买?总而言之:买橙色的。原因如下。想象一下你大表叔鲍勃的高礼帽棋子正落在监狱一格。当投掷两个六点骰子时,只有一种方式能投出两点:1和1。然而有六种方式能投出七点:6和1、1和6、5和2、2和5、4和3、3和4。而规则上说投出两个同样的点数可以再投一次,这样就有更多方式投出七点。事实上,考虑到同点的情况,按顺序一轮中最容易走到的格子分别是离监狱七、八、六、九格远的位置。

那些喜欢看图的人——谁不是呢——来看看图吧:

110/111
极客如何打发休闲时光

扫一眼大富翁的棋盘我们就能发现，从监狱开始走七格会落到"公共基金"格，这个倒是大有好处。但是其次可能走的八、六、九格会让你直接落到三个橙色的资产里。因此，虽然你会本能地被紫色的五月墟市和公园大道所吸引，但是买下弯弓大街、藤蔓大街和马尔堡街更能让你赚钱。任何从监狱出来的人在这一轮都会有百分之四十一的概率落到你的格子里。千万别告诉鲍勃大表哥呀！

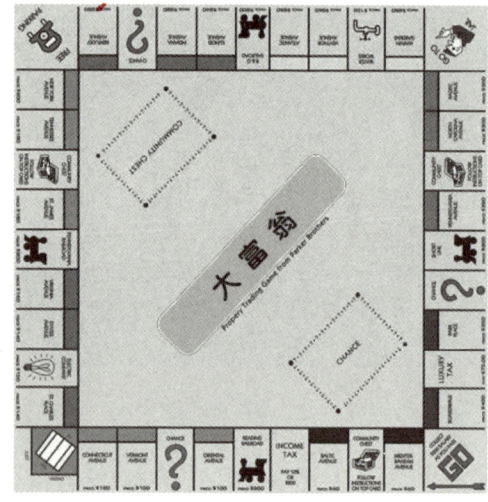

扫清大富翁对手的诀窍

- 从监狱出来的玩家最容易落入的是橙色财产的格子。

- 最容易走入的单个资产格子是特拉法加广场（红色）。买下所有的红色格子来达到双倍租金，虽然比不上买橙色，但也是不错的赚钱方法。

- 当特拉法加广场、国王十字路、芬丘奇街比别的格子更多地被走入时，抢下火车站。

- 不要在旧肯特路和公园大道上浪费金钱，它们是最不容易走到的。

- 公用事业（自来水厂和电力公司）的人流量比大部分独立资产都多，它们绝对是值得投资的。

- 当你占下一组资产时，建造三座房子比建两座更容易收回开支。所以专注于将一系列的财产都建满三座房子再着手发展其他系列，这会让你获得更高的回报。

41% 从监狱出来落入橙色格子的概率

骰子	格子	概率
⚅ + ⚅	机会	4%
⚅ + ⚃	斯坦德	6%
⚅ + ⚄ / ⚄ + ⚅	免费停车	9%
⚅ + ⚂ / ⚂ + ⚅	藤蔓大街	12%
⚅ + ⚁ / ⚄ + ⚂ / ⚂ + ⚄	马尔堡街	14%
⚅ + ⚀ / ⚄ + ⚁ / ⚂ + ⚂	公共基金	17%
⚄ + ⚀ / ⚃ + ⚁ / ⚂ + ⚂	弯弓大街	14%
⚃ + ⚂ / ⚂ + ⚃	马里波恩车站	11%
⚃ + ⚃ / ⚂ + ⚄	诺森伯兰大道	8%
⚀ + ⚀	白山	5%
⚀ + ⚀	电力公司	3%

如何在四轮内获胜

大富翁游戏以能持续数个小时闻名，但它也有可能迅速地结束。数学家计算你取胜可能最短只需要21秒，或者说四轮。虽然他们假设你在第一圈就可以购买资产。我们来看一下这种极端游戏是怎样的：

玩家1，第1轮

投出 ⚃ + ⚃ 落在 电力公司   行动：无，因为同点再投一次

投出 ⚄ + ⚄ 落在 特拉法加广场   行动：无，因为同点再投一次

投出 ⚅ + ⚅ 落在 公共基金   行动：获利200英镑（现有资产1700英镑）

抽到"对你有利的银行错误，获利200英镑"

玩家2，第1轮

投出 ⚀ + ⚀ 落在 所得税   行动：付出200英镑（现有资产1300英镑），因为同点再投一次

投出 ⚃ + ⚃ 落在 马里波恩车站   行动：无

玩家1，第2轮

投出 ⚁ + ⚁ 落在 公园大街   行动：用350英镑买下（现有资产1350英镑），因为同点再投一次

投出 ⚀ + ⚀ 落在 五月墟市   行动：用400英镑买下（现有资产950英镑），因为同点再投一次

投出 ⚂ + ⚁ 落在 白教堂路   行动：因为路过GO获得200英镑（现有资产1150英镑）。然后为五月墟市建造三座房屋，为公园大街建造两座房屋共花费1000英镑（现有资产150英镑）。

玩家2，第2轮

投出 ⚄ + ⚅ 落在 机会   行动：前进到五月墟市，应付租金1400英镑但是只有1300英镑，破产。

抽到"前进到五月墟市"

如果你认为这种情况太难出现了，那么你的想法很可能是正确的。这种情况每253899891671040局游戏才会出现一次。

HOW TO STOP A TUNE PLAYING OVER AND OVER IN YOUR HEAD
如何停止脑内循环的音乐

> 你是否曾经被令人愤怒的酸奶广告音乐所困扰？又或者一醒来就哼哼着《侏罗纪公园》的主题音乐？那你可能受到了"耳虫"的攻击。这个词是德国人为"音乐之痒"发明的，指一小段脑内循环的音乐。科学研究认为，接近90%的人至少每周都会发生这种状况。

靠医学手段是不能治疗耳虫的。你不可能去看医生然后让他们开出一日两片的阿莫西林来治愈你的阿巴乐团[1]感染。耳虫是一种想法，多来自心神不宁，除了脑波之外没有其他的物理基础。所以问题来了：你怎样才能摆脱它呢？

当你的思想不设防、做白日梦或者对最新收到的工作邮件感到绝望时最容易受到耳虫的攻击。

耳虫的导火索

A 听音乐（废话）
B 对人、声音或文字的联想
C 以前发生的事
D 思考或神游
E 原因未知
F 仍是原来的耳虫
G 记忆

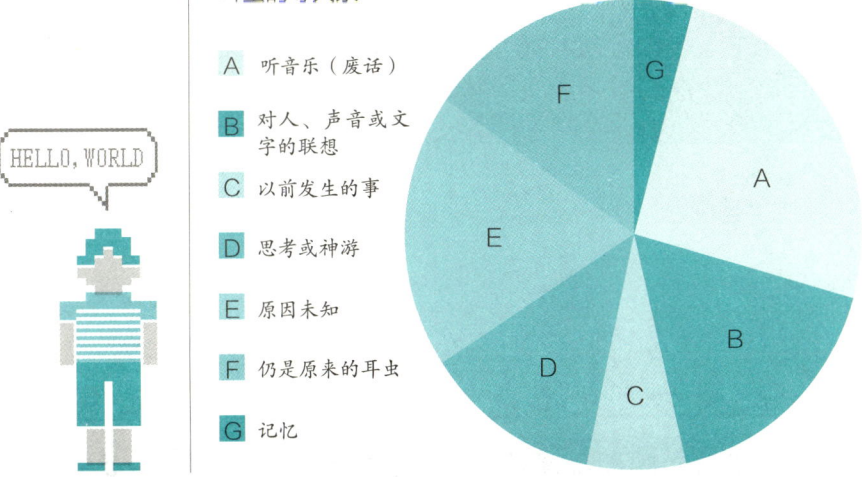

解决方案1

将你的思维强行转回到需要花费更多脑力的事情上。西华盛顿大学研究者进行的一系列邪恶实验证实,这一招非常有效。这些科学家通过播放《罗曼死》和《狗仔队》将Lady Gaga的音乐植入志愿者的大脑,然后让他们完成一系列的谜题来去除耳虫。五字母的拼字游戏效果最好,低难度的数独游戏也能成功。

解决方案2

完全不具备专业知识的人提供了完全对立的方案。可以通过听这个一直困扰你的音乐来解决耳虫。你可以试试,但我们对结果可不负责。

小贴示

立刻解除耳虫的窍门:

- 填字游戏书和笔。
- 听手机上下载的曾经验证过的替代音乐。
- 嚼口香糖。
- 上网去播放这个烦人的音乐(只有绝望时使用)。
- 找个没有戒心的朋友(为了感染他)。

解决方案3

第三个方案是伦敦金斯密斯学院的耳虫专家维基·威廉姆森提出的。他建议通过听其他的音乐来除掉耳虫。循环播放《犯罪高手》直到"安妮,你还好吗"充满你的每个毛孔。

尽管这样有些困难,但这个方法据证实是科学有效的……

解决方案4

嚼口香糖……开玩笑?不,这是真的。2015年《实验心理学》杂志上的文章指出,嚼口香糖三分钟有助于缓解大卫·库塔和魔力红乐队潜在的感染。

还有一个最终选择:将耳虫传染给别人。如果你现在正愤怒地想摆脱脑子里的舞蹈皇后乐队或者被"安妮,你还好吗"侵入,连这一段都读不下去了。那么恭喜你,你已经成功地被耳虫感染了。

---

① 英文是 ABBA,瑞典流行组合,成立于1972年,是流行音乐史上著名的夫妻组合,于1982年解散。

HOW TO BE DEADLY AT DARTS
如何成为飞镖高手

如果你曾经玩过飞镖的话，那你一定知道这是一个非常残酷的游戏。圆形的飞镖靶被等分成二十个区域，每块区域的分值从一分到二十分不等。在靶子的正中还有一个圆形区域分值是五十分。当你射中一个最外圈的狭窄圆环时就可以获得双倍分数，而射中一个较小的大约一半半径的圆环则可以获得三倍分数。

看着电视上的职业选手持续命中三倍二十分区域，你会觉得不用付出太多努力也能跟他们一决雌雄。但是极度的准确性才是他们成功的关键，因为残忍的飞镖靶设计者为草率的飞镖投手设下了愚人陷阱，就如同高尔夫场地上的沙坑。

你通过仔细观察就可以发现，他们的恶意显露无疑。二十分区虽然分值很高，但前提是你能连续命中它。仅一点点误判就会让你落入相邻的两个区域，这两个区域分别只有五分和一分。不必害怕，我们已经在极客塔里花费时间仔细咀嚼数据并研究了各种可能性。我们将为你带来最有效提升分数的诀窍，而你并不需要花费太多的时间来反复练习。

在飞镖比赛中，每一轮可以投三次。我们先假设，通常你可以足够准确地命中一次瞄准的区域，而其他两次则命中相邻的区域。如果你瞄准二十，在飞镖只命中单倍区域的情况下，你的平均分数将会是26分。当然，你也可能会命中双倍或者三倍区域。如果考虑多倍因素，你的平均分数将会是31.4分。

听起来很合理吧？但实际上你根本无须瞄准就可能得到更高的分数。我们计算了随机向标靶扔出三支飞镖的可能分数；假设三支飞镖都命中了标靶上的任意分数区域，你的每轮平均分约为38.7分。所以这是我们的第一个富有价值的信息；如果你慎重选择目标后每轮的得分持续小于29分，你最好加强练习或者试试"听天由命"。

如果你扔得足够准，能够将三支飞镖全都扔进相邻的三个区域里，你就可以超过随机投镖的分数。你只要不瞄准二十就可以了。我们的分析表明，瞄准七分区域将使你的得分最大化。由于两边的区域分别是十六分和十九分，你扔得不准反而得到更大的收益。即使你只射中单倍区域，你的得分也将有42分。如果考虑多倍的情况，你的分数将跃升至50.8分。以任何标准来看，这都算是很不错的分数了。

准确性更高的、在一轮中能两次命中瞄准区域、一次命中相邻区域的投手，无疑应该瞄准十九分或二十分区域。而能将全部三支飞镖命中同一区域的投手肯定应该瞄准二十分区域。当然如果达到这个水平，也就不再需要我们的帮助了。

小贴示

- 除非你扔得特别准，否则不要瞄准二十分区域。
- 如果你瞄准特定区域的三支镖经常得不到29分，你最好试试随机投掷。
- 如果能保证投出的三支镖都命中瞄准区域或者相邻区域，你应该瞄准七分区域。
- 如果能有两支镖命中瞄准区域，一支偏离到相邻区域，你应该瞄准十九分区域或二十分区域。

WHERE SHOULD YOU SIT AT THE MOVIES?
电影院里的最佳座位在哪里

我们常常见到这种争论。你和你的一群朋友去附近电影院观看最新的好莱坞大片,但每个人对想要的座位都有自己的看法。即使可以预定,大家仍然会对订哪一排争论不休。幸运的是,我们已经深入挖掘了电影院座位背后的科学道理,来帮你在下次争论时获得胜利。

我们有好几种方法来决定电影院里的最佳座位。最明显的标准是有一个良好的视野,这完全由你的视线所决定。所幸,现代阶梯影院的座位已经很大程度上确保你在影院的大部分座位上都可以清楚地看见大银幕。然而,如果你要在一个座位上坐上两个小时甚至更久,你肯定会希望能够舒适一些。电影电视工程师协会建议,你和银幕顶端的角度不要超过三十五度。我们利用三角数学推导出了一个简单公式,以便你根据不同的银幕尺寸来决定座位的最近距离。

最短距离=银幕高度/0.7

标准银幕的高度为3到9米。所以你的座位距离银幕的最短距离是4.3米到12.9米。IMAX银幕可以高达15米,这样你的座位距离银幕至少要有21.4米。

然而,你也有可能坐得太远。SMPTE[①]也建议你和银幕两侧边缘的角度至少有三十六度——坐得越远,角度越小。

所以现在公式变为:

 最长距离=屏幕宽度/0.65

典型的电影银幕宽度为9到27.5米。这意味着银幕最窄时你的距离不要超过27.5米,在银幕最宽时距离不要超过42.3米。

如果你不想随身带着尺子,那么你可以用手掌来测量。伸直手臂,你的拳头宽度是十度。另一只手伸出拇指和尾指,宽度是二十五度。将两手并拢就是测定三十五度的好方法!

第二个需要考虑的因素是声音。在当代令人惊叹的音响技术下,你坐在哪里才能获得最逼真的追车、爆炸和枪战体验呢?最简单的答案是坐在音响师校准声音的地方:从前往后三分之二的中间位置。要知道,此处的声音一定是最均衡的。这个位置也会满足最佳视野的要求,称得上是电影院的最佳位置。

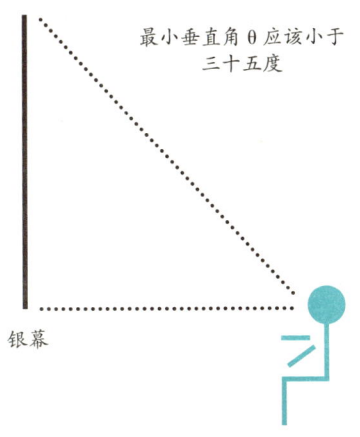

最后,如果在你来到电影院或者在网上订票时发现这处最佳位置已经被别人抢占了呢?你肯定想保持最佳的银幕距离,那你应该选择影院的左边还是右边呢?根据马蒂亚·大久保[②]2010年在《应用认知心理学》上发表的学说,右撇子的人会本能地选择靠右边的座位。由于至少70%的人是右撇子,所以选择左边的座位更不容易被吃爆米花的人和亲热的情侣们打扰。

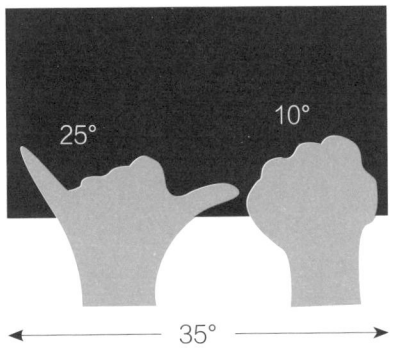

小贴示

✓ 你和银幕顶端的角度不要大于三十五度。

✓ 你和银幕两边的角度不要小于三十六度。

✓ 既可以用我们的公式也可以用手来测量角度。

✓ 从前往后三分之二距离的位置能满足以上距离条件,还能收获最佳音效。

✓ 如果最佳位置已经被抢占了,而场地还没有坐满,你可以坐在左边来享受更多的个人空间。

爆米花的威力

对很多人来说,如果没有爆米花,一趟电影院之旅就完全不同了。事实上,无论味道如何,人们在看电影时往嘴里塞东西已经成了一种习惯。在2011年,大卫·尼尔带领南加州大学的研究人员在影院入口给调查参与者发放了免费的桶装爆米花。有的桶里的爆米花是新鲜的,而其他桶里装的爆米花已经放置一周了,有些变味。随后,研究人员观察有多少爆米花在观影期间被吃掉了。他们发表在《个人和社会心理学公告》上的研究结果表明,常看电影的人连变味的爆米花都吃掉了,而不常去电影院的人不吃变味的爆米花。这表明人类都是习惯动物。有了电影相伴,我们连

极客如何打发休闲时光

变味的爆米花也能统统吃掉。

　　这个说法听上去让人不快，但另一项研究发现，吃爆米花可能有意料之外的好处：将广告隔绝在你的大脑之外。德国科隆大学的研究人员在2013年进行了一项研究：请96名参与者观看开头有一连串广告的电影。他们给一些参与者爆米花，给其他参与者一些速溶糖果。观影结束后，参与者接受了测试来检验他们是否对广告表现出积极的心理学反应。吃爆米花的观众都没有表现出对广告有什么反应，而其他观众表现出了反应。研究者认为，当我们遇到新的信息（品牌名称）时，我们会不由自主地默念它们来进行记忆，所以满嘴爆米花的人更不容易被广告影响。

① SMPTE（The Society of Motion Picture and Television Engineers），是目前在影音工业中得到广泛应用的一个时间码概念。该码用于设备间驱动的时间同步，计数方式，主要参数格式是：Hours : Minutes : Second : Frames。其中SMPTE 24 Film Sync：以每秒24帧的速度播放，通常用于电影工业；SMPTE 30 Non-Drop：该标准适用于音频领域。
② 日本东京专修大学的神经学家。

WANT TO WIN AT SPORT? WEAR RED

想在运动场上获胜吗？穿红色

你确定像穿什么颜色的衣服这种小事不会影响运动场上的比赛结果吗？根据一些科学家的研究，答案显然是会有影响。

回到2005年，英国杜伦大学的研究者拉塞尔·希尔教授和罗伯特·巴顿教授分析了2004年雅典奥运会上搏击类比赛的结果。他们选择了拳击、跆拳道、摔跤和自由搏击，这四种运动的选手都会被随机分配蓝色或红色护具。他们发表在《自然》杂志的结果表明，在势均力敌的比赛中，穿红色的选手更容易获胜。

那么红色究竟是如何影响比赛的呢？我们来看看这几个理论。希尔和巴顿认为，红色能激发选手的睾丸酮，来让他们表现得更好。当然也有可能是红色让对手胆怯。2007年发表在《实验心理学》杂志上的学说显示，即使是一闪而过的红色也会影响笔试者的表现。

第三种可能的解释无关参赛的双方，而是与第三方裁判有关。2008年诺伯特·哈格曼在心理学协会（APS）的《心理科学》杂志上发表了他的学说。他给42位裁判播放了一些跆拳道比赛剪辑并让他们评判比分。然后打乱视频的顺序后再次播放，但是通过技术手段将红色和蓝色互换。结果是即使是同一段视频，裁判给穿红色衣

服的选手打分也要高出30%。

显然,颜色会对一对一的比赛造成影响,那么团体项目又如何呢?也会同样有影响吗?希尔和巴顿在之后2008年《运动科学》杂志上发表的学说中检验了这一点。他们分析了1947年到2003年的英格兰顶级足球联赛的比赛结果。他们发现,相比穿其他颜色球衣的球队,穿红色球衣的球队在主场比赛中获得的胜利次数明显不相称。最不容易获胜的球衣颜色是黄色和橙色,而蓝色和白色相对适中。然而,球衣颜色对客场比赛没有显著影响。值得一提的是,一位德国经济学家对德国甲级联赛赛季的类似研究没有表现出相同的规律。

然而,红色的影响不仅仅出现在足球比赛中。在2012年,《社会运动》杂志上的一项研究分析了近30年的澳大利亚橄榄球联赛。虽然作者声称研究尚未完成,但他们已经发现了红色与主客场胜利之间关系的有力证据。看来,无论何种原因,在赛场上——尤其是一对一赛场——穿红色都有助于你获得胜利。但你不应该只依赖决胜装备的颜色,穿上红色球衣的你也可能会表现得更糟。

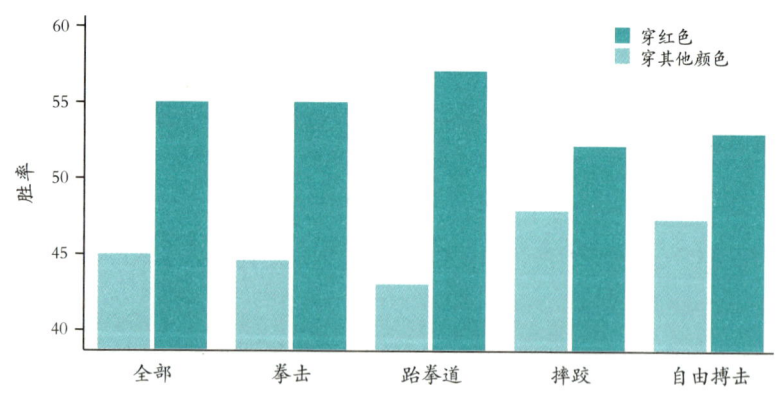

HOW TO BECOME A MASTER OF STONE SKIMMING
如何成为打水漂大师

打水漂的历史非常古老，古罗马人就把用贝壳打水漂当作一项娱乐活动。玩法很简单：在海边或者湖边的沙滩上捡起一块石头，向水面射出，让它跃离水面的次数越多越好。

如何才能获得高超的打水漂技术呢？在2003年，克里斯托夫·克拉内带领一队法国科学家进行了深入研究。为了固定模拟打水漂的方式，他们向一个两米的水面发射扁平的铝片。他们发表在《自然》杂志上的研究成果可以提高你打水漂的水平。

前两个建议对于水漂老手来说并不陌生：扁平的、圆形石头是最好的。因为这样的石头在每次跳跃时与水面的接触面最大。试着找找直径五厘米的石片，在石头离手时用手指让它旋转。克拉内的合作者利德瑞克·巴奎特在发现这一原理之前就已在《美国物理》杂志上发表的文章里进行了深入研究。他发现，打水漂的石头在空中的时间比接触水面的

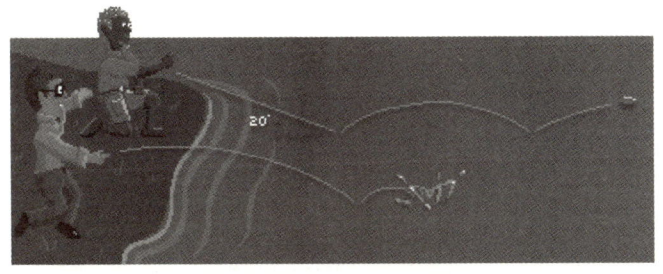

时间长一百倍，而且每次弹跳，石头都更深入水中且受到的阻力增大。最终，石头丧失了足够的动能来脱离水面。克拉内的团队发现，旋转的石头在飞行时更稳定且更不容易落水。

然而，理想的角度和速度才是成功的关键。最好的角度是石头和水面呈20度角。为了能在这个角度弹跳次数最多，出手速度应该至少达到2.5米/秒（如图）。

用一块石头连续弹跳次数最多的世界纪录保持者是库尔特·斯坦纳，他在2013年9月打出了令人难以置信的88连跳（可以看看YouTube视频：太疯狂了！）。他对石头的选择有如下建议：石头不必完全是圆的，但它应该光滑并且有一个扁平的底面；石头重量要在100克至200克、厚度是60到65毫米。前纪录保持者杰登·科尔曼·麦吉建议我们，第一次弹跳不要太远，应该在距离投掷点4.5米以内。

如果你掌握了这些诀窍并且对打水漂的新技能充满信心，你可以考虑在每年苏格兰奥本镇举办的世界打水漂大赛上挑战一下。但他们是按照石头飞行的距离而不是跳跃的次数对上百名参加者进行排名。

水漂窍门

✓ 选择光滑、扁平的圆形石头，大小不要超过五厘米，厚度不要超过65毫米。

✓ 射出时角度保持二十度，速度不低于2.5米/秒。

✓ 在石头离手时用手指使其旋转，瞄准的第一次弹跳位置不超过4.5米。

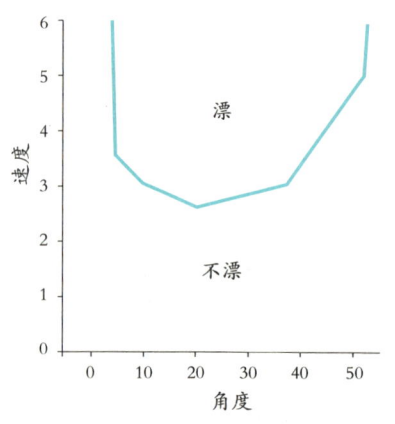

HOW TO BUILD THE PERFECT PAPER PLANE
如何折出完美的纸飞机

折飞机是一个大家深爱的儿时游戏,也是沉闷课堂上后排学生的最佳选择。它的吸引力非常明显:除了纸你不需要更多的材料。只需要把一张纸正确地折叠,你就可以将它扔出很远的距离。

有个人就对这些有趣的飞机非常痴迷。最远的纸飞机飞行世界纪录——69.14米——保持者是设计者约翰·柯林斯和投掷者乔·阿尤布。柯林斯设计的飞机有一个可爱的名字:苏珊娜。他公开设计的秘密来吸引更多的人投身这项活动。你可以在他的YouTube频道(纸飞机人)观看他破纪录的比赛和制作飞机的过程。

我们先来研究材料:柯林斯使用100克/平方米重量的A4激光打印纸。他还建议要在一个跟纸一样光滑的表面上进行折叠,他选择的是玻璃。柯林斯十分注重细节,他在一个灯泡前仔细选择纸张,检验是否存在任何会改变飞机空气动力性能的缺陷。如果由灯泡的热量使纸张发生弯曲,你一定要按照弯曲的反向折叠。同时你要折得尽量整齐,可以使用尺子或者折纸刀。当完成折叠以后(见下页图),你要把纸飞机固定住,并使用十四块小胶带(2-4毫米)来增强稳定性。飞机完成之后,一些部分还要折成特定的角度。机翼靠近尾部和头部的衔接处角度应为165度。机身位置(与机翼成一条直线处)的机翼衔接处角度为155度。

用这些方法折出的纸飞机能让你在飞行距离上击败世界上的其他对手。虽然我们只讨论了如何将它扔得更远,但还有别的尺度来衡量飞机的好坏:飞行时间。这项纪录的保持者是日本折纸爱好者户田拓夫[①],在2010年12月,他的纸飞机在空中保持了令人惊叹的29.2秒。

128/129

极客如何打发休闲时光

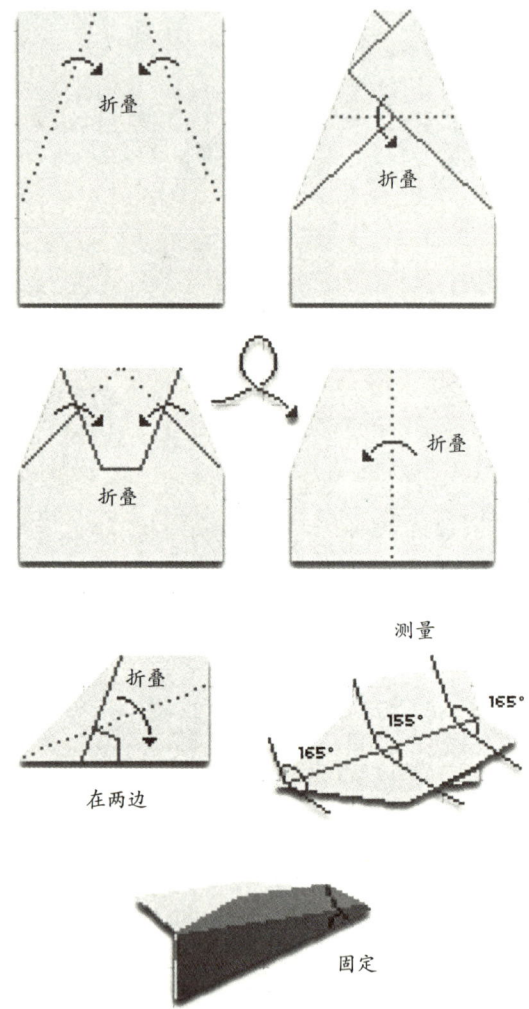

① 他是一家名为Castem的金属代工公司的总裁。但他也穷其一生来制作、创新纸飞机。

第六章
The
GeeK
GUIDe
To Life

极客
出游宝典

CHAPTER
6

HOW TO NAVIGATE WITHOUT GPS
如何不用GPS进行导航

现在我们做任何事情都依赖科技。这意味着许多曾经必不可少的日常用品现在都只能在架子上落灰。拿上老式的A-Z[①]地图，这曾经是在杂乱无章的大都市街道中确定方位的好办法。然而，带GPS功能的智能手机的普及见证了纸质地图销售的衰落。车载卫星导航系统也很大程度上代替了交通地图集。

然而，这些高科技系统也不是永远正确的。比如一次猛烈的太阳风暴就能废掉我们赖以寻找周边道路的GPS卫星序列。举个更灾难性的例子，一次小行星撞击或者扩散的传染病都能把我们带回黑暗时代。可能你只是电话没电了或者失窃了，你能不借助现代科技的帮助找到路吗？幸运的是，从前的极客们创造了利用太阳和星星导航的方法。在这里，我们将这些知识分享给你——以防万一。

利用太阳导航

长久以来，我们曾认为，地球才是太阳系的中心，太阳、九大行星和星星都要屈从于我们的意志。毕竟我们感觉不到地球的旋转，却能看到太阳穿过天空。当然，现在我们知道情况其实正相反。尽管如此，当现代科技手段失效时，太阳在天空的运行轨迹仍然是确定方位的无价之宝。

因为地球绕着它固定的地轴运行，所以无论你在哪个半球，太阳都会自东边升起，从西边落下。但是，南北半球的区别在于，日升日落之间人们看到的太阳的位置。赤道上的人看到太阳在正南方达到最高点，南半球的人则看到太阳在正北方爬到最高处。无论哪种情况，太阳在天空的位置移动形成的影子都在朝相反的方向运动。在机械钟表出现的几个世纪前，古人就发现了这一现象并制造出了日晷。

然而，太阳只有在3月的春分和9月的秋分才从正东升起、正西落下。所以可以将这些阴影当作更可靠的指南针来使用。首先，你需要一个大约一米长的棍

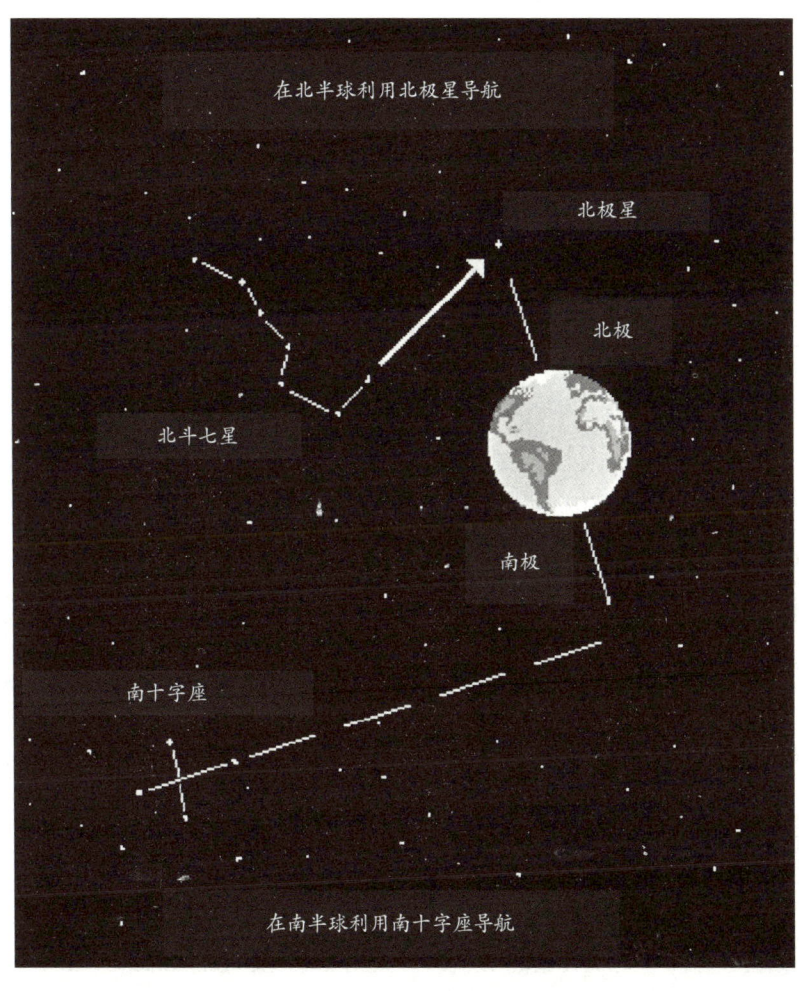

子。然后，用一块石头标记棍影的顶端，等待太阳和影子缓慢地移动（给它至少15分钟）。在新的影子的顶端放下第二块石头。然后，背对太阳，将两只脚放在两块石头正中间。在北半球，你会面朝北方，而在南半球，你会面朝南方。之后你可以轻松地据此判断出其他方向。

利用星星导航

很显然，太阳导航的方法只适用于白天。然而幸运的是，星星可以在夜晚帮助我们定位。北半球的人可以幸运地看到一颗指明星——北极星。随着地球的运行，我们对太空的视野发生变化，星星看起来就像穿过了天空。然而北极星几乎就在地球自转轴的正上方，所以看起来基本不移动。这种坚定的天性让它成为北

如何制作日晷

在钟表出现之前，人们可以通过观测太阳的影子来确定时间，由于地球自转的原因，太阳似乎在天空中出现了位置移动。这个影子其实就是钟表的时针。

制作你自己的日晷需要：卡片、钢笔或铅笔、剪刀胶水、指南针和尺子。

首先来制作晷针——三角形的突出部分。最重要的是，三角形底角的角度必须等于你的纬度——你离赤道的距离（角度）。（见图A）。在上面留一块矩形区域，你可以将它粘到底盘上。确保底盘中心的角是正确的。

在顶端写上数字12并用指南针找到南方（南半球是北方）。在正午将日晷的底端朝向南方，晷针的影子就会指向数字12（见图B）。等待随着时间推移的阴影，标记下整点时的位置，并用尺子画出直线。

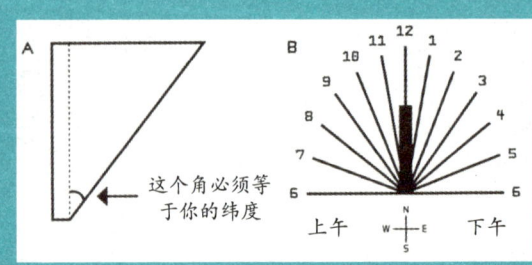

极的永久灯塔（它在千年之间确实移动了，但对于短寿的人类来说它也算是永久静止了），我们只需要画一条笔直向下的线来确定北方地平线的位置。

人们常常错误地声称北极星是天上最亮的星星，但实际上还差得远。估计人们是把亮度和重要性混淆了。尽管北极星没有那么亮，但它也很容易被发现。这个方法来自附近的七颗组成巨大勺子形状的星星。它们在世界各地有各种各样的名字，包括大熊星座和北斗七星。

如果你选中勺子把手对面的两颗星星，延长它们之间的连线，就能直指北极星。这些星星被附加了导航功能是因为它们可以告诉你在北半球的哪个位置。如果你站在北极，它就会在你的正上方。你站在赤道上时，它就停留在地平线上。所以通过测量北极星和地面之间的角度你可以估算出你在北纬多少度。

不幸的是，南半球的人们显然看不到北极星，也没有他们自己的指明星。作为代替，你可以找到十字形星座——南十字座。选定十字架较长的那一部分并向星座底端延伸。延伸四个半十字架的长度就到了南极点的上空。向下画一条直线就可以定位南方。

① A-Z城市街道地图，英国最大独立地图出版公司出版的地图。

WHICH COLOUR CAR SHOULD YOU BUY?
如何选择车辆颜色

> 车只是简单的交通工具吗？你可能以为，你选择的车辆颜色只是品味问题。然而，科学研究告诉我们，一些特定的颜色会有潜在的利弊。

HELLO, WORLD

《不列颠医学》杂志刊登的调查表明，相比其他颜色，银色的车更不容易遇到交通事故。这项研究调查了新西兰的奥克兰附近的道路交通事故，发现在最普遍的颜色中，银色车辆遇到的交通事故最少。相比白色车辆，它们的事故率要小50%。黄色、灰色、红色和蓝色车辆风险与白色车辆相同，黑色、棕色和绿色车辆事故最多。在研究其他主要颜色时，这种颜色和事故率的关联仍然存在。调查主导者奥克兰大学妇产科学教授苏·弗尼斯推测，银色车辆的事故率较低是由于其高反光率。

之后，澳大利亚莫纳什大学的研究者们展开了更详细的调查。他们研究了20年间共85万余起交通事故。对于最安全的颜色，他们的看法和新西兰的研究不同。他们声称黄色、白色和金色车辆遇到的事故最少。然而，他们支持了黑色车辆不安全的理论。他们发现，在白天，黑色车辆比白色车辆事故率高20%，而在黎明和黄昏这一比率则增长到了40%。

当你考虑到对窃贼的吸引力时，黑色车辆就变得更糟。蒂尔堡大学的经济学教授本·沃拉尔观测了2004年到2008

相比白色车辆，其他颜色的车在黎明或黄昏发生事故的相对风险如下

年挪威的车辆盗窃案。他的分析显示，黑色、蓝色、银色和灰色轿车最容易被窃。我们知道，这些颜色的汽车是最普遍的，似乎窃贼们偷的都是容易卖掉的车。

还有更糟的，2011年《应用能源》杂志上的文章表明，相比其他浅色车辆，黑色车更不环保。来自加尼福尼亚劳伦斯伯克利国立图书馆的研究者将两辆同款车——一辆黑色、一辆白色——停在阳光直射处。一小时后他们测量了车内温度，发现黑色车要高出6℃。这意味着，黑色车辆的驾驶者要更多地借助空调来应对增加的温度。团队的进一步研究发现，由于更少使用空调，浅色车辆能减少2%的碳排放量。

所以，并没有什么绝对应该选择的颜色，但看上去你应该考虑不要选黑色——因为它们更容易出事故，更容易被偷，也会制造更多的污染。

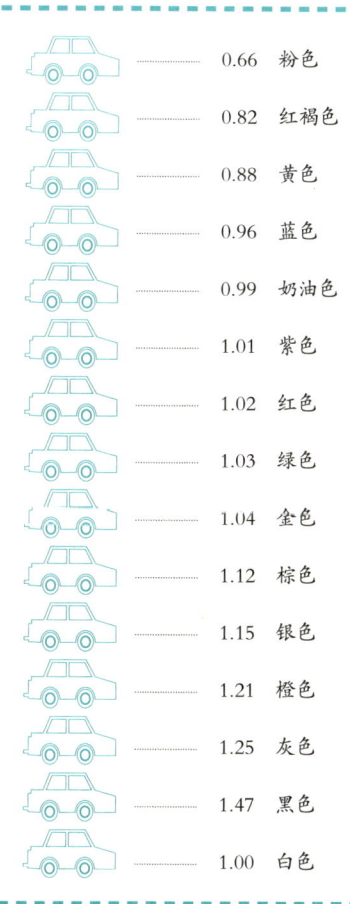

🚗	0.66	粉色
🚗	0.82	红褐色
🚗	0.88	黄色
🚗	0.96	蓝色
🚗	0.99	奶油色
🚗	1.01	紫色
🚗	1.02	红色
🚗	1.03	绿色
🚗	1.04	金色
🚗	1.12	棕色
🚗	1.15	银色
🚗	1.21	橙色
🚗	1.25	灰色
🚗	1.47	黑色
🚗	1.00	白色

HOW TO MANAGE JET LAG
如何应对时差

活在21世纪真是令人振奋。从前一辈子不离开自己生活的国家的时代已经一去不返。国际旅行从未如此便捷，但也有一个很大的缺陷：时差反应。

　　这种让人感到眩晕、恶心和神志不清的症状，实际上是由于跨时区的飞行破坏了我们的生物钟。这种内部生物钟保存机制——被称为我们的生理节奏——受我们接受的光照所控制，用于调节我们重要的生理机能。坐飞机则用混乱的程序打破了正常的循环。向东方飞行的旅行更让你难熬，因为白天被缩短会让你的身体更难调整。

　　那么你该如何应对呢？坏消息是，现在仍没有不错的方法来完全避免时差反应。但有些东西能帮你的身体快速地同步到生理节奏。例如戒掉酒和咖啡能让你避免进一步中断睡眠循环。

　　大多数该领域的研究者认为，效果最显著的方法是在出发的前一天将生物钟向目的地的时区调整。但必须循序渐进，诸多学说——包括《临床内分泌和新陈代谢》杂志上发表的——显示，向东方旅行每天只能调整一小时，向西方旅行每天可以调整两小时。

　　这都归因于你的身体为了应对接受光照减少的眼睛分泌的睡眠激素——褪黑素。因此，为了调整你的睡眠循环，你需要一天几次主动寻求或避免光照。一个调整的方法是改变你入睡和苏醒的时间。你的日常睡眠模式很重要，因为你真正需要与目的地同步的时间是你体温最低的时间，这时你睡得最沉。如果你睡七小时以上的话，这一时间通常出现在苏醒前三小时；如果睡眠小于七小时，则为苏醒前两小时。

网上有一些网站和应用程序,它们能根据你的日常睡眠模式和出发地、目的地来制作个人计划并帮助你调整睡眠。我们已经为从伦敦飞往曼谷的行程(时差+7小时)制定了专门计划表。我们假设航班在周四正午(伦敦时间)起飞,在次日早上七点(曼谷时间)落地。我们也假设你平时晚上十一点入睡,早上七点醒来。注意:如果你向西飞行而不是向东,你就反转这个流程并在出发前睡得更晚一些。

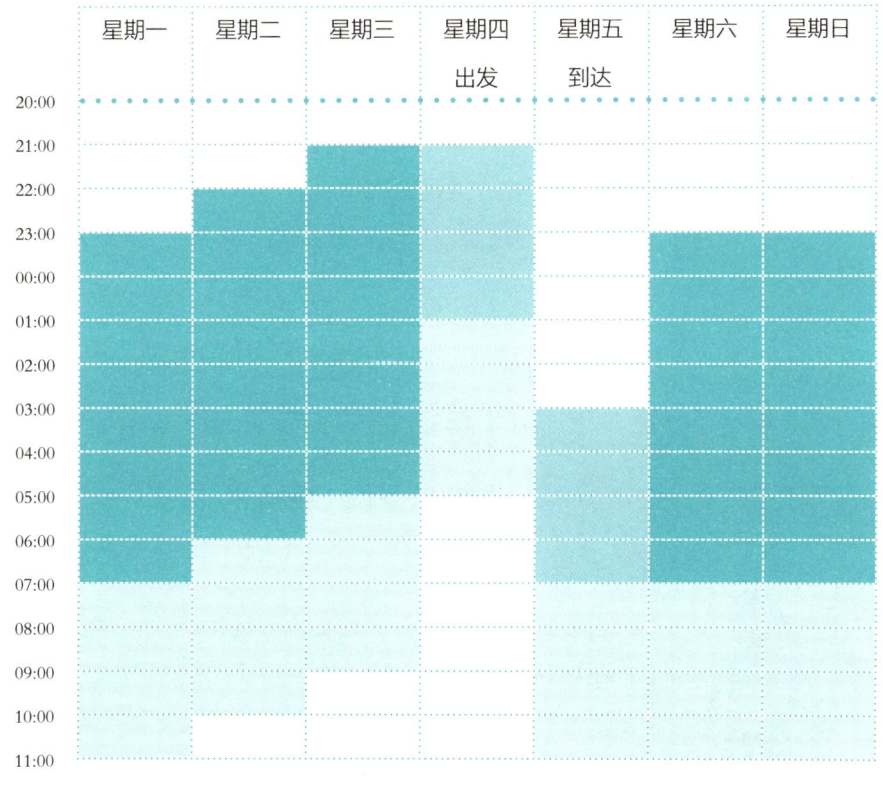

SHOULD YOU WALK OR RUN IN THE RAIN?
在雨中应该跑还是走

这个问题你一定在某个时刻思考过。当你被大雨困住，既没有雨衣也没有雨伞，你要怎样做才能尽量保持干爽呢？

表面上看，你可能会认为快跑才是最佳选择，因为这会让你更快地从雨中撤离。然而，快跑意味着你会更少被上方的雨水淋到，但你在跑的时候也会撞上更多侧面的雨水。

那么，哪个才是最佳选择呢？所幸有数学公式能帮助我们做出正确的选择。

> 总湿度＝
> （每秒湿度×雨中时间）
> ＋
> （每米湿度×移动距离）

HELLO, WORLD

我们假设你想要到达最近的距离你50米远的避雨门廊。无论你是跑还是走都不能缩短距离。所以等式的后半部分产生的湿度已经固定了。你唯一的选择就是让自己暴露在雨中的时间最短，所以去门廊要越快越好——跑是最佳选择！

物理学家弗兰克·博奇深入调查了这个难题。2012年，他在《欧洲物料》杂志上发表的一篇论文支持了上述观点。而且，他也发现情况不像一开始那么黑白分明。他认为，如果雨水笔直地从上方落下或者被风吹向你面前，那么，通过快跑尽可能减少在暴雨中的时间仍然是可行的。然而，如果雨水是吹向你的背后，你的最佳策略是跟风同速度奔跑——虽然这意味着要比在雨中全速奔跑花费更长的时间。博奇也观测了体型的影响，尤其是风从侧面吹来的情况。他的分析表明，体型大的人应该全速奔跑，小而消瘦一些的人应该继续保持与风速同步。

> **小贴示**
>
> - 如果雨水来自上方或前方，跑得越快越好。
> - 如果雨水来自后方，用接近风速的速度跑。
> - 雨水来自侧面时，体型大的人应该全速奔跑。
> - 较瘦小的人应该保持与侧风相同的速度。

当然，另一个要考虑的因素是在有雨水的表面上奔跑。这时你应该慢一点，快跑既会淋到较多的水，也更容易受伤。如何选择由你自己权衡。

HOW TO LEARN ANOTHER LANGUAGE
如何学习另一种语言

我们在旅行时,能说当地的语言会有很大帮助。然而,2013年英国文化教育协会的调查显示,3/4的英国人除了英语之外无法用其他语言交谈。2001年的美国盖洛普民意测验也得出了相近的结论。

那么,你将如何提高母语之外的语言学习能力呢?简单地听一听当地人说话似乎是一个好的开始。在2010年,剑桥大学的科学家们用电极板来研究16个志愿者的脑部活动。首先,研究者观测了参与者在听到自己母语时大脑的反应,然后给他们播放一个研究者自己编造的单词。参与者们在14分钟内听了这个新词160遍。这些科学家将研究结果发表在了《神经学》杂志上。他们发现,在实验进程的最后,参与者对新词的大脑反应变得与正常词一样。在一刻钟之内,大脑就创造了新的神经网络来记忆这个新词。重复,是学习的关键。

在这个研究中,参与者不需要说出这个词。但当你敢于去大声地说出新语言的时候,得到反馈是非常重要的。一个发表在《认知、有效性和行为神经学》杂志上的文章围绕教授日本人英语"r"和"l"的区别开展了研究。对日本人来说,这个难度很大。志愿者按照随机顺序听单词"lock"和"rock"的录音。他们被要求按照他们认为听到的单词按下电脑键盘上的"L"或"R"键。但是只有一半稍多一点的时候能选择正确。

但之后研究者们引入了反馈——在屏幕上显示绿色的对钩或红色的叉。在一小时之内，参与者的准确率提升到了80%。

似乎没有比持续听一门语言更好的学习方法，伊利诺伊大学的第二语言学习认知实验室进行了一个包括两组不同参与者的实验。两个组都被教授了一种研究者编造的语言。一组人学习这种语言的语法，另一组人则像我们小时候学习说话一样持续听这种语言。第二组人的大脑活动更像母语使用者。研究者在六个月后进行了再次测试。不考虑他们之后没有进一步接触这种语言的现实——毕竟它是编造的——持续听的一组比另一组表现得更好。

如果你成功习得了第二种语言，给你的回报就不只是更好的旅行体验了。研究发现，习得第二种语言会对大脑有促进作用。一篇2014年发表在《神经学年鉴》上的文章观测了853名参与者在数十年间的表现。他们的认知能力在他们11岁时即1947年首次接受了测试。研究者在2008年到2010年间又找到他们进行了二次测试。那些能说第二种语言的人比预期表现得更好，即使这些语言是在成年之后才习得的。

> **小贴示**
> - 在短时间内重复听新的词汇。
> - 让你的发音得到反馈来更快速地学习。
> - 持续与讲母语的当地人对话。

WHEN TO BUY AN AIRLINE TICKET (AND WHERE TO SIT ON BOARD)

何时买机票更划算
（以及如何选座位）

> 没有人愿意多花不必要的钱，度假也不例外。机票的定价方式常常像魔法一样，每天甚至每小时都在按照一种看上去很隐晦的方式波动。多亏有了网络，我们才有了丰富的数据可以进行分析来发现省钱的方法。毕竟你在机票上花的钱越少，你在海滩上能喝的鸡尾酒就越多。

2013年1月，CheapAir.com[①]网站观测了过去几年的五亿条美国国内航班的搜索记录。他们的分析追踪了航班时间前三十个星期的机票价格。平均来说，在航班起飞前的七周机票最便宜（见图表）。而对国际航班的分析将最佳日期定在起飞前的八十一天。注意这只是平均数据，个人航班的最佳时间可能会有变化。然而，这也算是个宝贵的经验。Momondo.cn.uk[②]网站的研究也支持了以上结论。他们发现，飞离英国的航班机票最便宜的时间是起飞前53天，符合七个星期的规则。天巡航班查询[③]也推荐提前七个星期买票。

有了这些数据，我们也能够研究另一个问题。例如，有没有哪个周的具体某一天订票最省钱呢？答案稍微有点含糊。多年来，一直流传着应该在周二订票的都市传说。根据《艾派迪2015年航空趋势》报告，星期二订票最便宜，但区别也不是很大。平均比周末订票便宜5%左右（见图表）。然而，2016年版的报告打破了这个观点——星期六和星期日代替星期二成为最佳订票日（虽然星期二仍然是工作日中最便宜的）。星期五是2016年报告中最贵的日子，也是2015年报告中最贵的工作日。所以我们建议你避免在星期五订票。

那么哪一天起飞最好呢？2015年的报告发现，对于长途飞行，星期四起飞星期一返回的行程返程票最便宜（平均798美元），相比最贵的选项——平均999美元的星期五起飞星期六返回行程——相差20%。对于短程飞行，周六出发周二

	星期一	星期二	星期三	星期四	星期五	星期六	星期日
2月	1	2	3	4	5	6	7
	8	9	10	11	12	13	14
	15	16	17	18	19	20	21
	22	23	24	25	26	27	28
3月	1	2	3	4	5	6	7
	8	9	10	11	12	13	14
	15	16	17	18	19	20	21
	22	23	24	25	26	27	

假期

日期	预购机票的平均价格	
	<21天	21+天
星期日	$549	$539
星期一	$562	$520
星期二	$561	$515
星期三	$564	$517
星期四	$568	$518
星期五	$571	$522
星期六	$561	$543

返回一直是最便宜的选择(平均369美元)。星期日出发星期一返回则会掏空你的钱包(平均493美元)。

现在,你已经买下了机票并且很幸运地得到了折扣。接下来该决定坐在哪个座位了。显然,根据每个人对好位置的定义不同,每个人的最佳位置都不一样,但是对许多人而言,安全性是很重要的。实际上,根据美国西北大学经济学家伊恩·萨维奇的说法,乘飞机是最安全的旅行方式。他发现乘客飞行每十亿英里才会有0.07人身亡(见下图)。而火车是0.43人,汽车7.28人,摩托车212.57人。所以,你基本不可能被卷入一场空难。尽管如此,如果你担心安全问题,你可能想坐在飞机的尾部。

2007年,popularmechanics.com[④]网站回顾了自1971年美国的20起空难记录。他们比较了死难人员和幸存者在飞机上的座位。在20起事故中的11起,坐在尾部的人更容易幸存(剩下的没有显著差别或者无法准确判定)。2015年,《时代》杂志也做了类似的实验,分析了1985年至2000年70起空难的座位表。他们发现,机舱后1/3的座位死亡率最低,约为32%。相比之下,中间部分是39%,前段是38%。

你也应该选择距离出口五排以内的过道座位。这个理论来源于伦敦格林威治大学的埃德·盖尔斯教授在2011年的研究。在观测了100起空难的数据之后,

每十亿英里旅程死亡人数

摩托车	212.57
小汽车	7.28
轮船	3.17
传统火车	0.43
电力轨道车辆	0.21
客车	0.11
飞机	0.07

他得出了坐在这些位置的乘客更容易生还的结论。他声称，大多数死亡不是由于坠毁本身，而是因为人们无法快速逃离残骸。因此，当意外发生的时候，这些座位能保证你快速逃脱。结合以上所有信息，我们建议选择飞机尾部距离出口五排以内的过道座位——你懂的，仅以防万一。

小贴示

- ✓ 短程飞行：提前约七个星期订票，星期六出发，星期二返回。
- ✓ 长途飞行：提前超过七个星期订票，星期四出发，星期一返回。
- ✗ 不要在星期五订票。

---

① CheapAir.com，1989年建立的美国网上旅行代理。
② Momondo.cn.uk，一款旅游类搜索引擎，为旅行者提供机票、酒店、租车以及旅行套餐的一站式实时搜索和比价服务。公司创建于2006年，总部位于丹麦首都哥本哈根。
③ 英文是SkyScanner，优惠航班搜索软件。
④ popularmechanics.com，原为介绍流行技术的传统杂志，后设立专门网站。

SHOULD YOU CHANGE LANES IN A TRAFFIC JAM?
交通堵塞时应该变道吗

> 有时你需要去一些地方或见某些人。你出发得已经有点晚了,不过没关系,因为你已经上路了,而且还一路绿灯。但接下来一件不可避免的事发生了:堵车了。你慢慢停下来,无数车尾灯层层叠叠,堵作一团。

四下打量,你发现旁边的车道看上去稍微顺畅一点。禁不住诱惑,你变换了车道。根据1999年发表在《自然》杂志上的研究,我们中很多人都会这样做。在110个司机样本中,46%的人声称他们在相邻车道看上去要快10%时会考虑变换车道。如果那个车道快50%,那么70%都会变道。但变道真的能让你更快地穿过拥堵吗?或者你只是加入了另一列被堵住的车,而你原先的车道反而通畅了?

答案是这要视情况而定。在2010年,亚历山大·劳科夫斯基·梅提夫在关于数学建模的著名博客"Playing with Models"中图解了这个问题。他的成果基于德国物理学家卡伊·纳高和迈克尔·施雷克伯格发表在《物理学》杂志上的交通模型。

梅提夫观测了两条车道作为变道方案。第一条——他称之为"停了才变"——包含了当你前面的车停下而旁边的车道有空位的情形。第二条——他称之为"为快而变"——意味着即使前车在行驶也会进行变道。他发现"停了才变"比"为快而变"在速度上提高得更多。然而,他也总结说两种策略的获益程度取决于拥堵的总体密度（见图表）。实际上，在非常严重的拥堵情况下使用任一策略都会让你速度更慢而不是更快。所以要小心使用。但机智地使用"停了才变"策略能在中度拥堵中将你的速度提升35%。

不过，我们还是私下藏起这个宝贵的信息吧。因为假如每个人都使用这个策略，就会让大家都慢下来。只有当很少人使用这一策略时，它才对你有利。因此，有时沉默是金。

《谣言终结者》节目上的两个实验也支持了这一变道方法。在第一个实验中，两辆车从旧金山开往圣何塞。一辆一直在自己车道上行驶，另一辆则可以任意选择更好的车道。能变道的车辆抢先到达目的地。在第二个实验中，五辆车在一条四车道的高速公路上行驶。第一到第四辆车保持各自的车道，但第五辆可以自由行驶也可变道的汽车比其他的先到达——比第二辆车快4%，比最后一辆快25%。

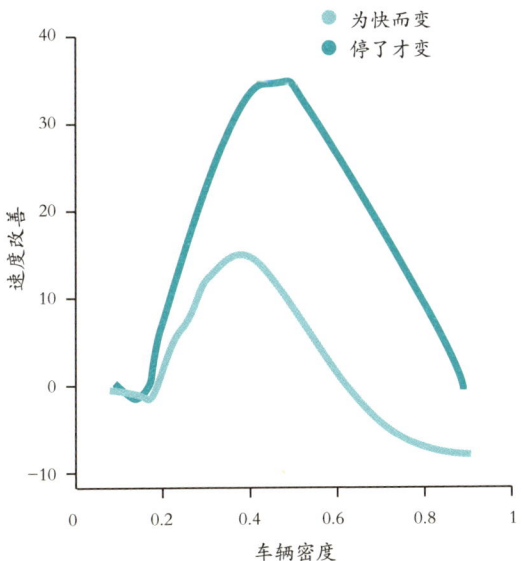

然而，请保持警惕；虽然变道可以在某些情况下让你更快到达目的地，但不停地变道也提高了事故的风险。所以，永远要仔细权衡节省时间和增加风险的利弊。

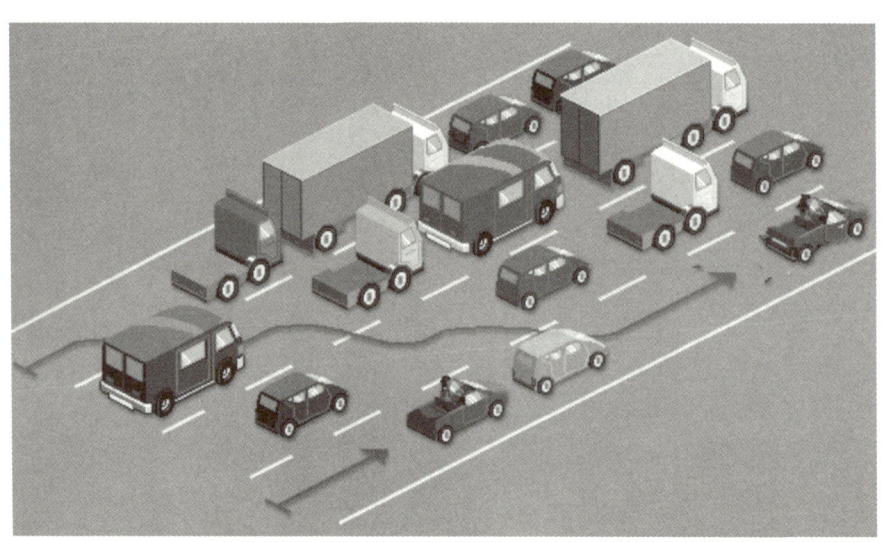

HOW TO BUILD THE BEST SANDCASTLE
如何堆出最好的沙堡

不堆出一个小沙堡可算不上是一次完美的沙滩之行,即使你那可爱的手工杰作最终还是会被潮汐抹平。但怎样才能造出最好的沙堡呢?

如果你曾经造过沙堡,那么你应该知道成功的关键因素是水和沙的正确比例。太少的水会让沙子不能充分粘结,但太多的水只会让你得到一滩烂泥。两个分别发表在2005年的《自然物理》和2008年《自然力学》上的研究认为,小水滴扮演了液体联结者或者"毛细桥梁"的角色,让沙粒粘结在一起。所以选择最佳比例十分重要。第二项研究发现,每八桶沙子配上一桶水应该是最佳方案。

然而,法国、挪威和伊朗的物理学家组成了研究沙堡的团队,并将他们的成果发表在2012年的《科学报告》杂志上。他们发现,为了建成最好的沙堡,你应该使用更少的水——每五十桶沙只用一桶水。这个比例让研究者建造了直径16厘米但高达1.2米的沙塔。

这些科学家的成果的另一个关键是紧密性。将沙子堆得比较紧实能提升它30%的强度。所以,虽然用桶和铲子是确定分量的不错方法,但用手把沙子堆得很紧实能得到更紧凑的建筑材料。你可能想将沙子紧紧地压进桶里,但当你试着拿开桶时就会做很多无用功。常用的用铲子敲打桶底的方法也不可行,因为这会粉碎你努力准备好的紧实的沙子。专业人士们使用机械敲击锤来解决问题。研究团队借助在堆沙堡前将沙子装满不同直径的筒形PVC管来观测沙堡高度和宽度之间的关系。不出意料,他们发现,沙堡的基底越宽就能建得越高。然而,他们真正的见解是二者的准确关系。将基底的宽度放宽三倍能让你将沙堡的高度提高大约两倍(见图表)。现在沙堡高度的世界纪录是2015年的13.97米。然而,根据科学理论,使用那个尺寸的基底,他们实际上能建成更高的沙堡。

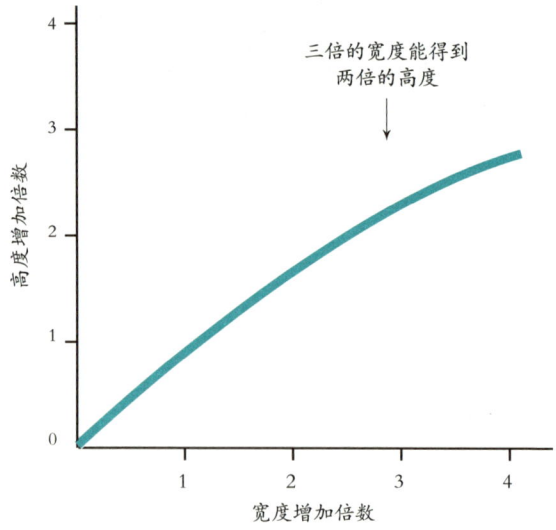

第七章
The
Geek
Guide
To Life

极客的务实金钱观

CHAPTER
7

HOW TO SAVE MONEY IN THE SUPERMARKET
如何在超市里省钱

人类曾经一度都是猎人和采集者。为了生存，我们必须追踪并杀死别的动物，到处搜集果子来维持自己的生命。现如今，我们只需要开上几英里的车就能找到塞满我们日常必需品的那些巨大建筑。

然而，将补充食物的工作拱手让人让我们变得更容易上当受骗。毕竟超市都是大生意——我们在里面花得越多，他们的收益就越高。

所以，我们会尽可能地给你提供一切必要的诀窍和技巧，让你能在超市里尽量少花点钱。

大额的购物账单形成的最大原因就是"冲动性购物"。我们会看到，超市会用很多策略引诱我们尽可能多地购物。所以，去商店前的第一件事就是认真准备一张购物清单。检查你的储物柜和冰箱，看看你的存货并计划下周需要买哪些菜，然后把这些东西列出一份购物清单。严守这份清单能让你在商店里不容易被店员引诱去购买不需要的东西。

另外，提前写好清单意味着你只需要浏览这些物品的货架就够了。这很重要，根据美国营销科学学会的研究，浏览了大部分或所有货架的购物者比浏览较少货架的人要多买68%的不必要商品。这就是为什么像面包和牛奶这些日常必需品通常在商店的最里面，这是为了让你受到许多别的诱惑才能获得它们。同一项研究

HELLO, WORLD

也发现，去商店时最好是独自一人——多人一起逛商店会让不必要商品的购买量增加8%。而且，你选择的手推车也会显著影响你的购买量。大的手推车会诱使你用更多东西装满它们，但只拿一个小篮子就不需要这样的行动。一项2011年发表在《市场调查》杂志上的研究发现，携带一个沉重购物篮能导致更多冲动消费——例如糖果和碳酸饮料——来奖励我们付出的努力。所以，我们还是选小号推车为好。

去超市也应该自带音乐，因为研究已证实，商店里的音乐能影响人的购物习惯。1999年，英国莱斯特大学的研究者在《应用心理学》杂志上发表了他们的研究成果。他们发现，播放德国音乐时德国葡萄酒比法国葡萄酒卖得更好，反之亦然。对购物者的进一步调查发现，顾客们并没有意识到音乐能影响他们的选择。周围环境的音乐也会影响我们在货架间行动的速度。2000年，一个发表在《商务研究》杂志上的研究表示，听到不熟悉音乐的购物者比听到熟悉音乐的人在商店里花费的时间更久。所以，戴上自己的耳机买东西就不会受到影响，而且听着自己熟悉的音乐你就会减少受到诱惑的时间。此外，你还避开了超市通过播放慢歌让你在某些区域（*例如昂贵商品区*）流连的策略。

目前为止，我们研究了避免不必要购物的方法。但你要如何才能真正买到购物单上实际需要的商品而且不超支呢？首先，小心红色标价——尤其是男性。2013年，费城德雷赛尔大学的研究者发现：无论男女，看到红色标价时都觉得比黑色省钱。而且这个因素对男人来说影响更显著（*见图表*）。

虽然听起来很简单，但看到一条过道的所有货架时，这个理论也行之有效。零售业有这样一句俗语："所见即所购"。你会发现，最贵的商品一般都在货架上

多人结队购物让不必要商品 **购买量上升8%**

小窍门

要：
- ✓ 网络购物。
- ✓ 戴上耳机。
- ✓ 使用小号购物车。
- ✓ 列出购物单。
- ✓ 看看货架顶端和底端的商品。

不要：
- ✗ 只买架子中间的东西。
- ✗ 陷入红色标价的错觉。
- ✗ 使用大号购物车或购物篮。

腰部到眼睛的高度——这个高度意味着你可以更容易够到它们。所以，试着弯腰去看看货架的底部或者抬头看看顶端，你很可能会发现那里的商品更便宜。当然，除非你在儿童用品区。在这里，利润高的产品都放在低处来吸引孩子们的注意，零售商希望他们缠着父母来购买它们。康奈尔大学的研究者检验了麦片盒子上卡通人物的视线角度。他们发现，平均角度是9.67度。而成年人看麦片盒子上的人物视角接近零度。原因何在？商家们希望我们能看到包装上的人物或卡通形象。孩子们矮一些，会从下往上看这些商品。

名为"哪一个？"①的消费者保护组织在2014年的实验中对我们看向货架的确切位置进行了进一步研究。他们给拿着购物单去购物的志愿者们装上视觉追踪器。所有的实验购物者们都出现冲动购买的现象。研究发现，我们像读书一样观察超市的货架——从左向右。所以，如果零售商从左向右逐渐抬高价格，我们就不会意识到架子上最便宜和最贵商品的总价之差。

当然，有一个方式肯定能避免以上麻烦，那就是舒服地坐在沙发上网购，永远不先去超市。根据2014年电子数据调查公司对网购者的调查，1154名被调查者中只有7%的人声称比起去商店，他们在网上冲动消费购买的东西更多。然而，如果你非要去商店不可，留意这些小花招也许可以抑制过度消费，让你口袋略有结余。

无论男女，**看到红色标价时** 都觉得比黑色的省钱。

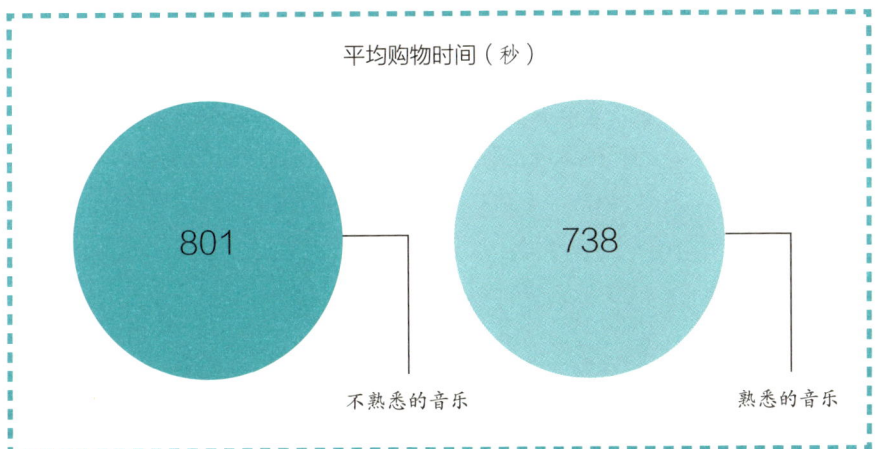

平均购物时间（秒）

801 不熟悉的音乐

738 熟悉的音乐

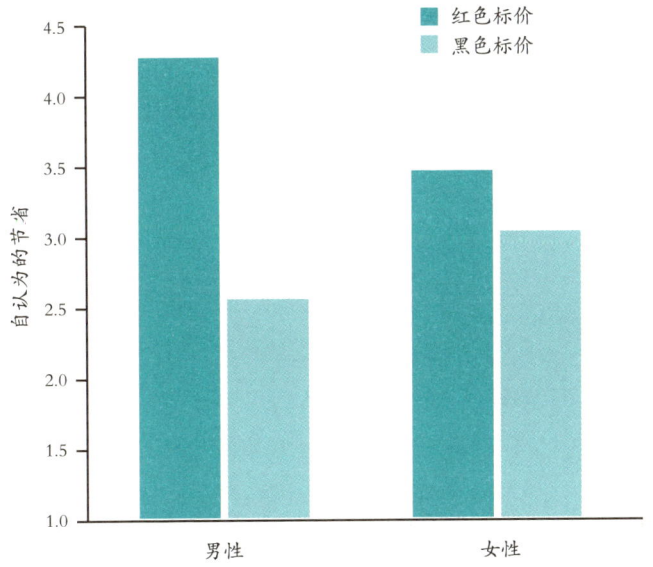

标价颜色变化对不同性别购物者自认为节省金额的影响

① 该组织英文名为Which?，创办于1957年的英国著名咨询机构，致力于搜集和比较资讯。

HOW TO BE A BETTER HAGGLER
如何讨价还价

> 讲价的艺术似乎已经逐渐失传了,至少2016年英国对新购汽车的调查结果是如此显示的。这项对汽车杂志《车商》进行的调查发现,56%的购买者没有进行任何还价就支付了标价。

这项指标比前些年上升了12%。不同时代的人区别明显——年龄在17到24岁的人有67%支付全款,而年龄在55到64岁的只有35%这样做。

价格谈判时有很多情况都能让你成就更划算的交易,但我们不少人都对自己的讲价能力没有自信。不用害怕,在极客塔里,我们整理了一系列顶级技巧帮助你成为更优秀的议价人。

最重要的正确决策之一就是你的最初报价。但根据2013年《实验社会心理学》杂志上的调查,大部分人都做不好最初报价。这项调查由纽约哥伦比亚商学院的玛丽亚·梅森教授领导,他观测了1254名学生们交易虚拟商品(珠宝、二手车等)时的议价过程。议价的结果在班级上公布,以此给予参与者真实的刺激并确保交易的真实性。最成功的议价者们使用了不同寻常的策略——最初报价都不是整数(见图表)。

让我们假设一个物品的标签价格是1000美元。我们大多数尝试议价的人都会还价至一个较低的整数——假设是800美元。但梅森的研究发现选择一个不整的数字比如813美元会更加成功。梅森认为，这是因为非整数能给人以更精确的印象——显示出你一定为了这个精确的价格做了很多功课。即使你并没有，你的对手也更不容易糊弄你。

此外，我们所处的环境似乎也能影响我们谈判地位的稳固性。2010年，哈佛、麻省理工和耶鲁大学的心理学家在权威杂志《自然》上刊登了一些有趣的发现。他们的实验观察了86名参与者买新汽车时的虚拟议价。有些志愿者们坐在硬座位上，另一些坐在软座位上。硬座上的议价者更加坚决，距离成功的还价也更近。这表明驾驶椅是有效砍价的重要因素。

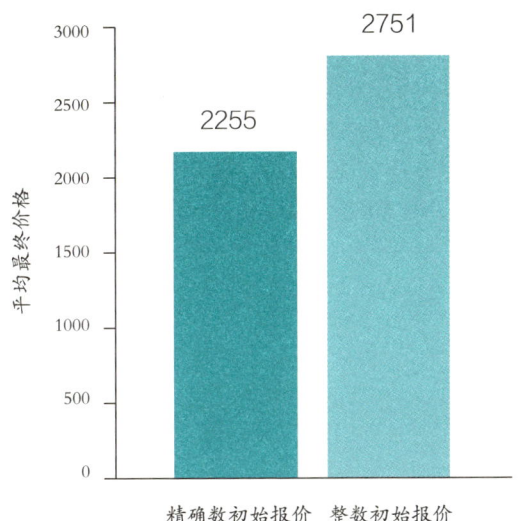

最后，有吸引力的女性似乎能降低睾丸酮水平高的男性的议价能力。回到2006年，比利时研究者鹿特丹大学管理学教授布拉姆·范·登·伯格和比利时鲁汶大学心理学教授谢菲尔德·德威特在《英国皇家学会学报（B刊）》上刊登了他们的发现。他们要求研究中的男性参与者玩一个决定如何在他们中间分一笔固定金额钱财的游戏。激素水平高的男性成为最强势的议价者，但他们的力量在看到比基尼模特的照片甚至是拿着一条文胸时开始衰弱。但是，年纪大的女性的照片、风景照或者拿着一件T恤就没有这种影响。你也会那么做的。

① 这是英国皇家学会出版的两部科学杂志之一，原为一部杂志，在1905年分成A、B刊，其中B刊主要与生物学相关。

HOW TO BE A BETTER SAVER
如何存钱

你是怎样理财的？消费还是存款？很显然，随着年龄的增长，我们中许多人都希望能有更多存款。根据2013年的调查，四十岁及以上的人有51%都后悔没有在年轻时存更多钱。

然而，不停地存钱对有些人来说会是不断地折磨。如果你也是如此，那可能不全是你自己的错。根据一项研究，基因在我们对待金钱的自律能力上扮演了主要角色。这项发表在2015年《政治经济学》杂志上的研究观察了瑞典的双胞胎并且得出结论：基因影响了我们三分之一的经济行为。

幸运的是，即使你没能中存钱基因的大奖，仍然有很多方法让你有机会获得可观的养老金。最先要考虑的是，制定一个单一而不是多个省钱的目标。2011年《市场调查》杂志上的研究观测了不同背景的人，包括印度的乡村主妇、加拿大中等收入阶级和香港的专家。来自多伦多大学的研究者们认为，多种存钱目标往往导致人们难以权衡，因此在考虑下一步行动时延缓了储蓄行为，这是极有可能发生的情况（见图表）。

这就是说，使用这样的线性时间形成来制订的存款计划根本行不通。许多人处理存款的常用方式是描绘一个未来事件，给自己建立一个目标来努力实现。我们更关注最终的目标而不是存款行为本身。然而，2013年澳大利亚伍伦贡大学教授莉欧娜·塔姆领导的发表在《心理科学》杂志上的研究发现，时间周期性的存钱计划更容易成功。参与者被分成"线性组"和"周期组"。给予第一组特殊存款方法的指导，包括"这个方法是把人生分割成独立渐进的时间段，例如过去、现在和将来。我们希望你考虑作为这种线性人生的一部分的个人存款目标"。

而"周期组"被告知"这个方法指的是，人生由许多或大或小的周期组成，事件不停地重复。我们希望你考虑把个人存款任务作为这样周期人生的一部分，只考虑你现在想存的钱而不是下个月或明年"。

在接下来的两周，参与者被要求按照以上方法来进行存款，结果显著不同。线性组的人平均存款是140美元，而周期组是223美元。

最后，你存款的意愿也会受思考的时间单位影响。2015年《心理科学》杂志上的另一项研究发现，以"天"为单位考虑以后的事情而不是年，很显然，参与者开始存款的速度要比用"年"为单位的快上四倍。也就是说，把你的退休时间视为10950天以后而不是三十年后足够给人强烈的紧迫感。

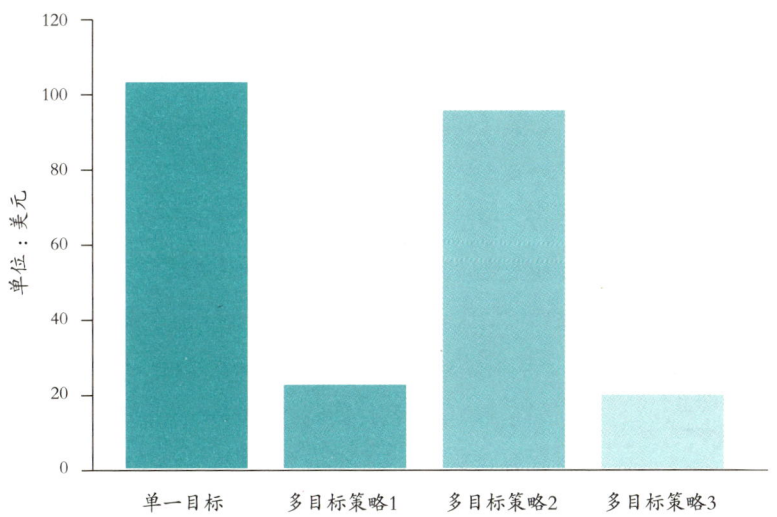

HOW TO SPLIT THE RESTAURANT BILL
如何分账单

> 大家都知道，出去和一群朋友吃饭来庆祝一个重要的里程碑时，伴随着美味的饭菜，红酒飘香，所有人高谈阔论，都很愉快。但不可避免的，结账时，整晚的好气氛都被打破了。

有些人鼓吹应该所有人平摊，但其他人却用只吃了沙拉而没吃甜点的事实来反驳，另一些没有喝酒的人也不愿为其他人的酩酊大醉买单。相似的情景也出现在美国著名情景喜剧《老友记》的第二季（"吃了五份牛排和一份茄子的人们"）。

根据《经济学会会刊》杂志上发表的研究，平均分单抬高了所有人付出的费用。研究者们带领几个六人的小组去饭店吃饭。餐费可以按大家所吃的食物各付各的、平分餐费或者由研究团队来支付。在平分餐费的情况下，人们比各付各的餐费的情况点了更多的菜（平分时1.87个菜，各付各时1.67个）。平均分摊时每个人的平均消费是50.90美元，相比之下各付各的时是37.3美元。这些决定背后的逻辑很可能类似"我要点龙虾，反正也不是我自己付全部的钱"。但你并不是饭桌上唯一的人，而且你们中大多数人似乎都可能有同样的想法。或者这反映出人们想要物有所值的想法。"如果乔伊点牛扒，那么我最好也点一点儿贵的东西，这样我才不会吃亏。"

出于对平摊账单情况下人们动机的兴趣，研究者们进行

了第四次试验。这次，六名参与者被告知，他们只需要为他们所点的菜付六分之一的钱，剩下的费用由研究者们（而不是一起吃饭的人）支付。在这种设定下，人们平均点了2.08个菜，平均消费57.40美元——这两个指标都高于平均分摊策略。可能饭桌上的所有人都为自己占别人便宜制定了一个标准，尽管在某种程度上他们都在占别人的便宜。

基于以上结果，我们总是选择平均分摊账单就很奇怪了。支持这一论断的研究发现，我们大多数人并不想这样做。就餐者在实验前被询问了他们想怎样分单，80%的人选择支付自己点的菜。但当他们发现要平分账单时，仍然点了更多的菜。

然而，将账单分到每一分钱很浪费时间。因此，是否有一个相对公平的方法能快速地分摊账单而不用精确到每一分钱呢？数学家马特·帕克认为有这样的方法，并且他发明了被称之为"标准食品单位"的概念。那些只吃了沙拉的人记为0.6个单位，喝酒多的人计为1.4个单位。将所有人的单位加总然后用总账单除以总单位，之后再乘以每个人的单位即可。

爱丽丝=沙拉=0.6
鲍勃=主菜+两杯酒=1.0
查理=主菜+两杯酒以上=1.4

总账单=63美元
每单位单价=63美元/3=21美元

爱丽丝的消费=0.6×21美元=12.60美元
鲍勃的消费=1×21美元=21美元
查理的消费=1.4×21美元=29.40美元

HOW TO SPEND LESS IN RESTAURANTS
如何在饭店里消费更低

一份菜单仅仅列出了饭店提供什么,对吗?不对,这是他们卖东西的机会。一份好的菜单是精心制作的便携广告,目的是尽可能多地赚你钱。

我们进饭店时,连书写价格的方式这种小事都要注意。如果你经常在外面用餐,你会发现,越来越多的饭店在菜单上省略了$、£、€等单位符号。这并不是偶然。康奈尔大学西比尔·杨在2009年的一项研究发现,就餐者在面对一份标价没有单位符号的菜单时会消费更多。

如何为一道菜命名对顾客的选择也有很大的影响。在康奈尔另一项发表在《国际酒店管理》杂志上的研究中,研究者们围绕某些菜品进行文字游戏。将"无骨海鲜"改为"多汁意大利无骨海鲜",将"红豆饭"改为"卡真[①]红豆饭"。这两种菜品的销量飞升了28%,虽然食物并没有实质上的变化。调查者也发现,就餐者会愿意为有着花哨名字的菜品多付20%的钱。

然后还有所谓"定价心锚"。这是一种将一个非常贵的东西放在他们希望你买的东西旁边上的行为(他们希望你买的往往是附加值最高的)。一份70美元的龙虾料理就放在另一道看上去物美价廉的菜品旁边。将这些定价心锚菜品名字加框或者加粗能确保你第一眼就能看到。而相同的策略在酒单上会有相反作用。为了不显得吝啬,就餐者们经常会选择第二便宜的选项。然而,正因为如此,饭店常常将附加值最高的酒水放在那里。关于酒水,你还是找酒单上最便宜的酒比较好。

饭店也能通过播放音乐的类型决定我们在店里停留的时间——也就是消费的金额。一项发表在《环境与行为》杂志上的研究发现,在播放古典音乐时,顾客平均花费在食物和饮品上的金额是32.52英镑，而在播放流行音乐时，他们的消费是29.46英镑。味道也会有一定影响。另一项发表在《国际酒店管理》杂志上的研究发现，顾客们在闻到薰衣草香时比闻到柠檬味或无味时消费更多。

警惕那些想尽可能跟你多要小费的雇员。你认为在装有账单的盘子上放一粒薄荷糖仅仅是一种友好的举动吗？实际上这是一种贿赂。一项发表在《应用社会心理学》杂志上的研究发现，类似账单边上的薄荷糖这类小礼物意味着就餐者多给了小费。调查也发现，当服务员在账单上手写"谢谢"或者画一个笑脸时我们会多给小费。服务员在我们点单时跪倒的话我们也会更加慷慨。噢，还要留意金发女郎服务员，一项发表在《性行为档案》上的研究称，我们一般会付给她们更多小费。

用这些知识武装之后，你应该能够注意节省下来因为无意识偏好而花掉的钱吧。

食品消费：古典音乐V.S.流行音乐		
变量	古典音乐	流行音乐
前菜	4.92英镑	4.84英镑
主菜	14.72英镑	14.52英镑
甜点	3.42英镑	2.55英镑
咖啡	1.87英镑	8.88英镑
酒吧	3.51英镑	3.86英镑
葡萄酒	4.88英镑	4.49英镑
总酒水	8.39英镑	7.55英镑
总食品	24.13英镑	21.91英镑
总消费	32.52英镑	29.46英镑

① 卡真人是美国路易斯安那州的土著，原为阿卡地亚法国移民后裔，卡真食品以辛辣为特色，风靡美国全境。

HOW MUCH MONEY DO YOU NEED TO BE HAPPY?
一个人需要多少财富才能幸福

> 披头士乐队的知名曲目唱出了金钱买不来爱情的事实，但金钱能不能买来幸福呢？你的幸福感和银行账户余额有关系吗？

答案似乎是肯定的，也是否定的。诺贝尔经济学奖得主安格斯·迪顿和丹尼尔·卡尼曼在2010年进行了一项著名的研究，分析了对450000名美国人调查的数据。问题包含了对从前幸福感的评分和他们是否认为现在正过着最幸福的生活。答卷人也透露了他们的收入。迪顿和卡尼曼的结论发表在《心理和认知科学》杂志上，文章认为，年薪75000美元是一个有魔力的数字。在达到这一水平之前，人生的总体满足感和收入呈线性上升趋势，而更多的收入却没有很大差别。

然而，这对搭档很快指出，幸福有两种不同的形式——一个难以衡量的模糊概念。一方面是每一天的幸福感，另一方面是人生整体的满足感。迪顿和卡尼曼发现，75000美元的门槛适合后一种形式而不适合前一种。所以，有更多的钱并不能让你一大早醒来就兴高采烈。

检验一大笔钱如何影响个人幸福感的一个方式是研究彩票赢家——那些突然进入新的财富阶层的人。1978年一篇发表在《人格与社会心理学》杂志上的著名论文发现，一场

大赌注的胜利确实猛烈地提升了幸福感,但也会迅速衰退。这组成了"享乐适应症"概念的一部分,随着财富的增长,我们的期望也水涨船高,幸福感就不再有提升了。我们再来看一些幸福感的"临界点"。显然,一百万美元很不错,但很快你就适应了这笔钱,并且开始垂涎五百万美元能做些什么。

根据一些研究,这些临界点受意外之财影响不大,反而受基因的影响更大一点。90年代中期,行为基因学家大卫·莱肯研究了1500对双胞胎,并将研究结果发表在《心理科学》杂志上。他发现,生活环境——包括工资——只决定了单卵双胞胎(**有相同基因的那些**)之间幸福感差异的2%。较高收入的双胞胎并不比没那么富有的兄弟姐妹快乐。他也认为,我们幸福临界点的水平一半取决于从父母那里继承的基因,一半取决于人生经历。

如果我们的绝对财富并不能让我们幸福,那么与别的事物或人相比,相对财富对我们有影响吗?2007年,神经学家克里斯蒂安·艾尔加教授在《科学》上发表了一篇论文,报道了对成年男性磁共振成像(MRI)脑扫描的发现(**见图表**)。成对的参与者们并排坐着玩一个游戏,游戏中他们必须数出屏幕上圆点的数目,如果数对了就能获得数目不同的奖金。与此同时,研究者们研究了大脑的哪一个

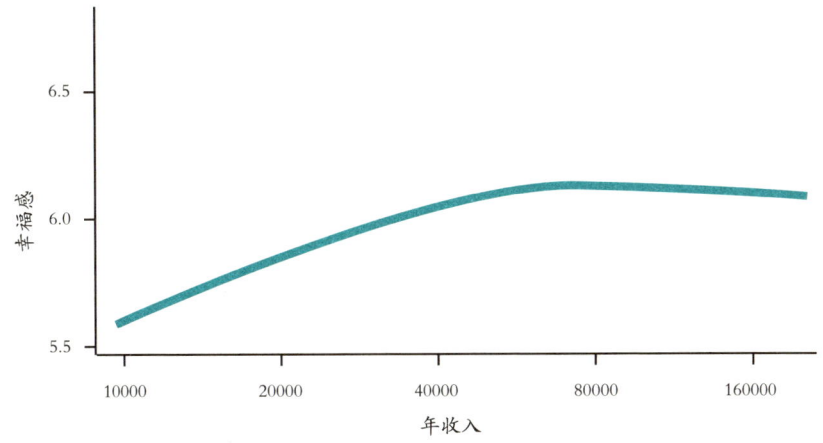

区域发生了活动。他们发现，相比两人获得的奖金一样多时，当一名玩家比另一个玩家得到更多钱时，他们的大脑"奖励中枢"活动得更剧烈。相对财富的重要性也被克里斯托弗·博伊斯[①]领导的研究所证明，发表于2010年《心理科学》杂志上。他的研究成果显示，你的幸福感与你的财富在同龄人中的水平相关，而不是与你赚到的绝对数量的金钱有关。

所以，当你的基本需求得到满足之后，你赚钱的总量对你的总体幸福感就只有边际影响。但这并不意味着把钱花在正确的地方时你买不到快乐。幸运的是，我们发现了其他一些让金钱带来的快乐最大化的方法，这样你就能用辛苦挣到的钱得到最大的满足。

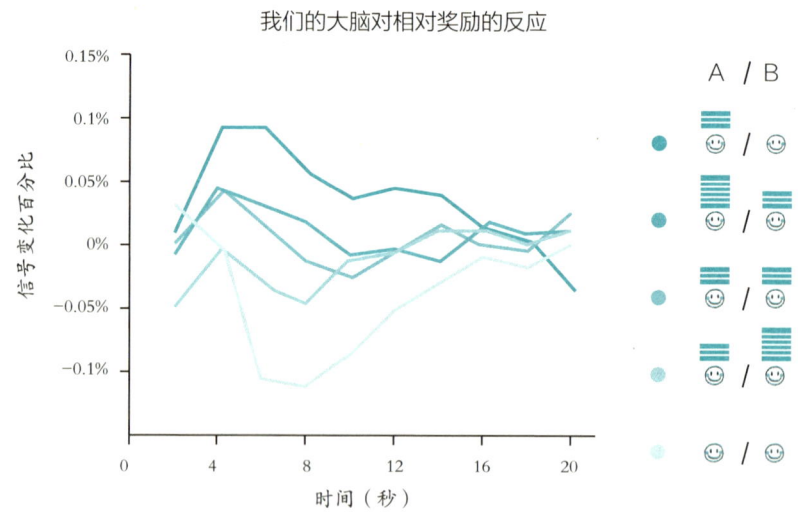

我们的大脑对相对奖励的反应

① 斯特林大学研究员，致力于人类幸福感研究。

SPEND MONEY ON EXPERIENCES, NOT THINGS
购买消费体验
而不是购买物品

我们生活在一个享乐主义文化盛行的时代，最新锐的必需品扮演了谈资的角色。最前沿的小商品、汽车和时装能让我们疯狂，然后自愿排好几个小时的队将它们买入手。但买这些真的能让我们快乐吗？根据日益充分的心理学依据，在体验上而不是物质上花更多的钱才是获得满足感的真正途径。

很久之前的2003年，有人在《人格与社会心理学》杂志上发表了一篇名为《去做还是去拥有？这是个问题》的文章。社会心理学教授利夫·范·鲍文和托马斯·季洛维奇进行了一项研究，调查了美国人口的一个断面，要求参与者对刚消费的100美金对其快乐程度的影响进行评分。57%的调查对象评价说，消费体验比购买物品为他们带来了更高级的快乐。相比之下，只有34%的调查对象对购物评价更高。这种差异在学生群体和家庭主妇之间尤其显著（67%：25%）。

2014年，季洛维奇、阿密特·库玛[①]和马修·基林斯沃思[②]联名在《心理科学》杂志上发表了《等待梅洛：体验性和物质性的期望消费》——考察了2000多名成年人的消费习惯。研究者们通过一款智能手机程序随机联络参与者，发现他们在19%的情况下都在想着一项未来的消费计划。参与者们也被要求用0到100分来给被联络时的幸福感和兴奋感来评分。关键是，这项研究发现，等待一项消费体验的实验参与者比期待购买一件物品的实验参与者能感到更多的快乐和兴奋。买东西也能让你高兴——只是买体验让你更高兴一些。

因此，对消费体验的期待和消费后的反应似乎共同产生了更多的总体幸感。库玛和季洛维奇——现在因为他们的论文题目而出名——刊登在《实验社会心理学奇谈》上的《我们将永远拥有巴黎》一文深入地探索了这一理论。他们回顾了这一领域的许多研究，并发现体验消费能获得更多来自社会的回馈，与人们的身份联系更紧密，这种幸福感更多地来自人们自我思考和享受的过程，而不是通过和他人比较而获得。

人口统计	消费形式	
	体验	物品
年龄		
21-34（350）	59%	36%
35-54（645）	58%	31%
55-69（268）	49%	38%
工作		
全职或兼职（941）	58%	33%
退休或失业（218）	47%	39%
学生和主妇（102）	67%	25%
性别		
男性（591）	51%	38%
女性（672）	62%	30%
居住环境		
城市（363）	56%	35%
郊区（654）	59%	31%
乡村（246）	49%	40%

极客的务实金钱观

尤其是在事情过后,谈论我们的体验能让幸福感持续爆棚。一台新电视或手机的新鲜感很快就消磨殆尽,但通过与他人分享上次旅行的精彩之处或者某场音乐会是多么离谱,我们就将那些体验再次全部激活了。所以,当你下次不得不耐心听完某人讲解一组假日照片时,记住这很可能让他们感到更快乐。

① 芝加哥大学商学院博士后研究员,主要致力于幸福感研究。
② 美国健康与社会学者,研究人类幸福感的起源。

WHY YOU SHOULD GIVE MONEY TO CHARITY
为什么要把钱捐给慈善机构

> 现在我们知道，从长期来看，体验消费比物品消费更能让你快乐，但把钱花在其他事情上又会怎样呢？当然，捐给慈善机构是一个有价值的尝试——即使这对你完全没有任何利益可言——但倘若知道把钱捐给一些有价值的事业能给你带来像性爱或吃巧克力一样的快乐呢？你可能会更愿意捐赠了，对吧？

这的确是科学家们在观察付钱时你大脑的活动发现的。俄勒冈大学的研究者们将19名女性志愿者置入核磁共振仪一个小时。实验开始时，这些参与者们被给予100美金，并被告知可以在实验结束后保留剩下的钱。然而，在实验过程中，电脑屏幕上显示她们的大脑活动水平发生了变化。有时是因为她们将部分钱捐给了当地食物赈济处，但其他时候则是把钱存到了储蓄罐里。重要的是，一些捐给食物赈济处的钱是参与者自主决定的——她们可以说"可以"，也可以说"不可以"。

在经济学教授威廉·哈伯格的带领下，研究团队在2007年将成果发表在权威杂志《科学》上。他们的报告显示，被观测者把金钱投入到好的事业中与她们收到额外的钱时同样激活了大脑中的快感中枢。这些奖励中枢与性爱和吃巧克力时产生活动的中枢是同一部分。当参与者是自愿捐款时，这些活动就更为剧烈（虽然她们确实拒绝了一半以上的自愿捐款）。

一年之后，英属哥伦比亚大学心理学教授伊丽莎白·邓恩在《科学》杂志上发表了几项研究，进一步支持了这一观点。她请632名美国人透露他们每月的平均消费，同时对自身幸福感进行评价。结果，那些在他人身上花钱多一些的人感到更幸福。当然，这并不足以说明把钱送出去就能产生幸福感。也许是那些因为其他原因而更感到幸福的人更慷慨一些？

为了进一步找出它们之间的联系，邓恩开展了第二项研究，她调查了雇员们如何花掉公司的红利。在他们收到这笔意外之财两个月之后，邓恩询问他们是如何花掉它的。那些将钱投在利他主义的事情而不是他们自己身上的人收获了更多的幸福感。邓恩的最后一个实验是给46名参与者5美元或20美元，要求其中一半的人将钱花在自己身上，另一半人可以给别人买东西或捐给慈善机构。与当天早上相比，那些把钱捐出的人在傍晚幸福感有很大提升。

这种影响不仅限于对成人，这暗示它可能是人类相互交流的普遍特质。2012年一项发表在《公共科学图书馆》期刊上的研究中，邓恩和同事们观察了一些儿童。她们要求这些儿童从得到的八件礼物中选一件送给一个能互动的木偶人。同时，志愿者们对孩子们脸上的幸福表情进行评分。他们发现孩子们在送出礼物时最高兴，甚至比第一次见到这个木偶和得到这一堆礼物时更高兴。

所以，如果你追求幸福，那么不如将一些可支配的收入捐给最中意的事业吧。

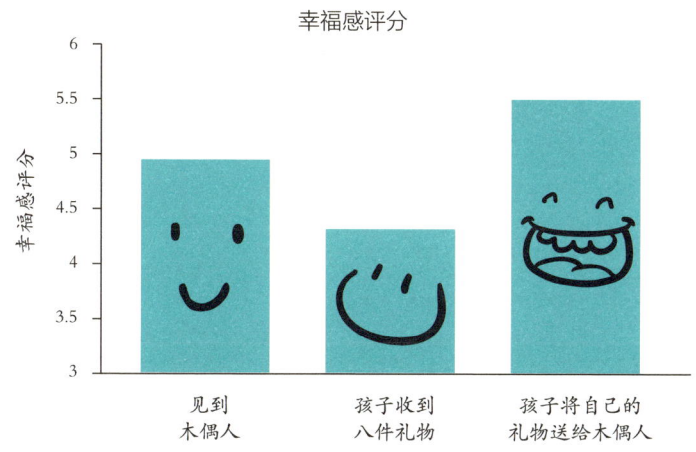

第八章
The
Geek Guide
To Life

极客的
技术执着与信仰

CHAPTER
8

HOW TO SCIENCE YOUR WAY TO SUCCESS IN A JOB INTERVIEW

在易趣（eBay①）上买卖的最佳策略

> 网上拍卖依然非常流行。这一行业领跑者的易趣网拥有超过1.6亿名注册用户，这些用户每天能对8亿新上线的商品进行超过2.5亿次日常搜索。

这样残酷的竞争中，在交易平台上成功实现买卖似乎成了一门艺术。事实上，这同样是一门科学。我们已经深入挖掘了相关科研成果，以提供给你能在易趣上确保成功的小窍门。

除非你在拍一件非常小众的产品，网站上很可能有几个版本的产品都可以作为你的备选。选择哪种商品来展开争夺，可能会直接让你支付金额过多或捡到便宜。如果你认为有某两件商品几乎是一样的，那么你可以观察他们在网页上使用的背景颜色。2013年《消费者调查》杂志上公布了一项研究，研究者通过研究易趣上任天堂游戏包的拍卖发现，在红色背景的网页上竞价的用户跳叫②率更高，而且他们的竞价行为通常更加激进。因此，如果你是买方，尽量避开竞拍时背景是红色的商品。相反，如果你是卖方，可以考虑将你的商品放在红色背景前拍照。

另一个长期存在的困扰是应该何时竞价。是应该尽早进

极客的技术执着与信仰

入拍卖但承担价格上升的风险，还是应该在商品即将成交的最后一刻抢拍呢？韩国数学家、物理学家康炳南和严音畅针对这个题目展开了广泛的研究，研究对象是美国和韩国的易趣网站上超过500万次的拍卖。经他们研究发现，在拍卖末期，报价行为会突然频繁起来，美国物理学顶尖杂志《物理研究E》上发表了这一项研究成果。因此，他们的建议很简单：等到最后关头再抢拍，这个方法被称作"狙击"。如果你不放心自己能及时夺标，你可以选择网络上众多免费的在线狙击软件中的一款，它能够帮你自动竞价直至你的价格上限。这一发现还论证了2002年的一项研究，该研究的结果由美国斯坦福大学经济学教授艾尔·罗斯和德国科隆大学经济学教授阿克塞尔·奥肯费尔公布在《美国经济研究》杂志上。

尽管一提到易趣人们就会想到拍卖，但它正逐渐倾向于将议价作为它的主要销售方式。卖家会以特定的价格发布一件商品，仅仅是为了让潜在消费者通过一系列的报价敲定这件商品。按照哥伦比亚大学商学院研究员马修·巴克斯、易趣研究实验室托马斯·布莱克和加州大学伯克利分校哈斯商学院经济学教授史蒂文·特地里斯的观点，初始报价是否是整数对交易的结果有显著的影响。他们还发现，尤其是以50美元的倍数作为初始价格的商品，他们收到的首次砍价的价格总是比其他初始价格更加随意的商品低5%到8%。因此，给大家的建议是，如果你给网页上的商品标价98

小贴士

买方：
- ✗ 不要竞拍红色背景的物品。
- ✓ 使用狙击软件在最后一刻竞拍。
- ✓ 与以整数为初始价格的卖家讨价还价。

卖方：
- ✓ 在你的拍卖清单上使用红色背景。
- ✓ 以最高售价为目标，将非整数价格作为初始价格。
- ✓ 以快速出手为目标，将整数作为初始价格。

美元而不是100美元时，你很可能在讨价还价之后赚到更多的钱。然而，如果你更想快速脱手，而不是卖到尽可能高的价格时，你可以考虑坚持以整数为价格。这样的商品在网上会提前6至11天被卖掉，并且被卖出的可能性高出3%至5%。

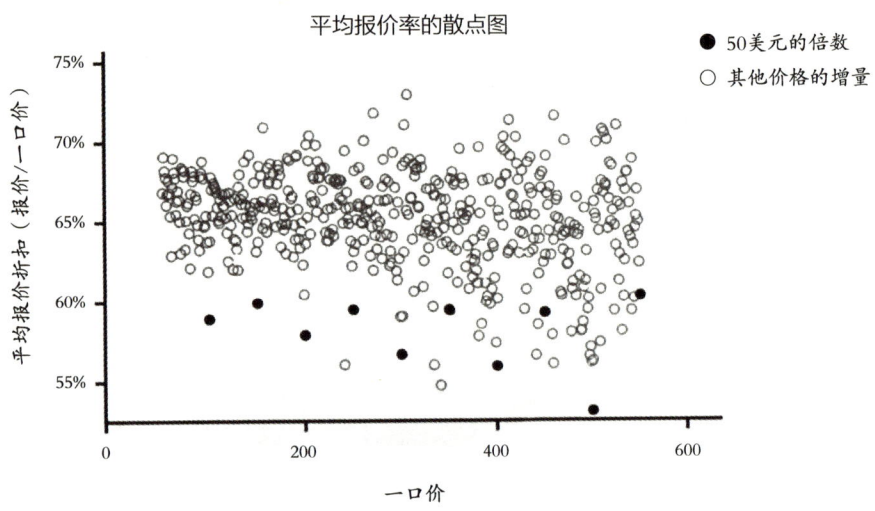

① eBay，美国知名网上购物网站，以个人买家和个人卖家之间以拍卖形式展开交易为特色。
② 跳叫，竞拍中，"跳叫"的价格常常会超出其他竞拍人的价格很多，以显示自己的实力，表示志在必得的勇气。

HOW TO STOP YOUR EARPHONES TANGLING
如何避免耳机线打结

打结的耳机线肯定可以当选现代科技生活中最令人烦恼的事情之一。虽然有了耳机能让你在走路时聆听最喜欢的音乐,但它们看上去似乎也有生命。

把它们从口袋里掏出来,它们就已经设法将自己绕成一团解不开的绳结。然后你要花十分钟绕来绕去,尝试将它们从一团乱麻中解放出来。如果你每天都在做这种事,那么你每年都要在这件令人烦恼的事情上花费相当于一天半的时间。

根据一项发表在《美国国家科学院院刊》上的一项研究,这种纠缠发生得非常快。此项调查的作者——加利福尼亚大学教授多里安·雷纳和道格拉斯·史密斯——发现这样复杂的纠缠能在几秒钟内形成。他们将线放入一个盒子并将其乱摇十秒钟。这项实验重复了3415次,结果显示绳子纠缠成了120种方式,自我缠绕多达11种。不出意料,他们发现更长、更软的电线——就像耳机线那样——更容易缠绕在一起(见图表)。更不要说圣诞小彩灯线了!

那么要如何阻止这一切发生呢?网上到处都是避免这种麻烦的方法,但其中许多都是用错综复杂的方法来绑住耳机线让它们无法纠缠。在极客塔,我们推荐阿斯顿大学的物理学家罗伯特·马修发现的方法。

HELLO, WORLD

他请求当地一所学校的小学生参与合作，用55厘米到183厘米长度不等的包裹绳进行了12000次实验。他们将研究成果发表在《学校科学评论》上，说明了如何通过连接绳子的末端将纠缠的风险减少到原来的十分之一。将这个"绳圈猜想"引入到耳机上，马修建议简单地将耳机线耳塞下部的电线夹住。如果你能够将耳机插头也一起夹在那里就更有可能避免缠绕了。你可以使用小铁夹、纸夹或买一个专门为此设计的夹子。采用任何一种方式快速地夹上和取下夹子都比解开一团乱麻强多了。

可能这项缠绕调查看上去有点不着调，但它能引出比保持耳机线平整更深奥的结论。例如我们的DNA就采用了著名的双螺旋结构。DNA复制，首先要进行解旋。所以对纠缠形成机制的研究可能对这一进程在出错时究竟发生了什么提供一些见解。同样，了解细绳纠缠的原因也能帮助我们防止胎儿的脐带缠绕。

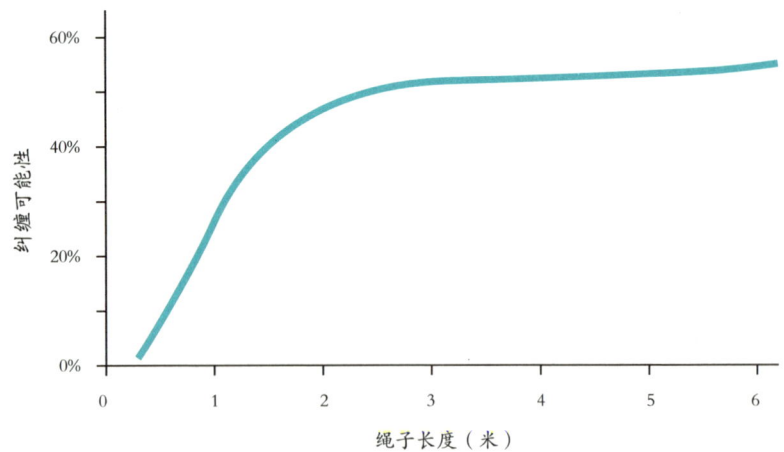

WHAT'S BETTER: BOOK OR E-READER?
看哪种书更好：纸质书还是电子书

为了技术而技术并不总是无往不利。有时，消费者们会反对那些不断发展的新产品而偏爱一些更传统的方式。例如最近黑胶唱片大卖，零售商们说，自1990年CD销量（激光唱片）一飞冲天之后，这些"LPs"（密纹唱片）的销量从未如此之高。要知道，你可以随时从网上听到同样的歌曲。据说这是因为人们很渴望有实质的东西能拿在手中。

    这种现象也可以用来评价诸如亚马逊Kindle这类电子书阅读器和传统纸质书之间的战争。前者的发展近年来已经归于沉寂，而纸质书的销量则开始回升。但究竟哪个才是更好的选择呢？

    电子书肯定有自己的一些优势。它们一般更轻，也更让人随心所欲，可以立刻保存多本书籍。而且，根据环境咨询公司清洁技术所言，当你在电子书上阅读超过30本书时，对环境也会产生益处。

    但我们如何读书是否改变了我们的阅读体验呢？研究人员安妮·芒让教授和简·卢克·沃莱认为确实如此。他们选择了50名研究生，并将他们分成两组，要求一组用Kindle阅读美国小说家伊丽莎白·乔治的一段小说，另一组则用传统的纸质印刷书阅读相同的内容，之后，测试学生们记得故事中的哪些内容。纸质书阅读者几乎在各种指标上都击败了电子书阅读者（见图表），而最显著的是复述剧情开展的顺序。由此可见，你在纸上阅读时能记住更多剧情。

    阅读课本似乎也是如此。语言学教授拿俄米·巴伦调查了美国、德国、日本和斯洛伐克的学生，询问他们认为哪种媒介让他们在学习时最容易集中注意力。

极客的技术执着与信仰

尽管有人回答手机、笔记本电脑、平板电脑和电子书，但92%的受访者选择了纸质书。纸质书似乎最不容易分散注意力，也更不容易拖延。

许多人喜欢睡前在床上读书，科学家们也研究了电子书对睡眠的影响。哈佛医学院的调查者们开展了一项研究并发表在《美国国家科学院院刊》(PNAS)上。参与者被要求连续两周在睡前阅读四小时。那些读电子书的人比读纸质书的人会晚十分钟入睡。此外，电子书阅读者经历了明显较少的快速眼球运动（REM）睡眠——我们睡眠循环中最有助于健康的部分。难怪他们在第二天早上需要更长的时间来达到与纸质书阅读者相同的机敏水平。

所以，电子书和纸质书的最终对比结果是这样的：电子书使阅读更方便，但或许只能用来阅读短篇文章。如果你要阅读一些更有深度需要完全理解的内容，或者在晚上阅读，那还是坚持阅读怀旧的纸质印刷书吧。

回答都不正确	电子书	书	回答全对
时间和事件	44%	57%	
室内环境	57%	63%	
人物		72%	76%
室外环境		59% 60%	
物品		62%	70%

WAYS TO IMPROVE YOUR WI-FI SIGNAL
改善Wi-Fi信号的方法

> 现在，网络与食物和水一样都是生活必需品。断网让人感觉像是断了腿一样，仅次于这种感觉的是网络状况不佳。

HELLO, WORLD

网络状况不佳时，在视频网站观看电影不停地缓冲，下载邮件附件要半天才能实现。当然，现在比拨号网络时代要好多了，那时不能同时打电话和上网，图片载入要费劲地多，但网络连接缓慢仍是让人头痛的事。

幸亏还有方法能避免这种现代忧虑。不过，首先你要认识到Wi-Fi并不是快速的上网方法。2011年的一项研究调查了美国近3000名宽带使用者，发现用无线网络上网比他们用有线连接网络（比如以太网线）平均要慢29.7%。但你将笔记本电脑拴在路由器上似乎确实有一点落伍。好在伦敦帝国理工学院的物理学家贾森·科尔能为你解决这个问题。

这位物理学家用电脑模型来计算那充满魔力的家庭路由器放置的最佳位置。结果似乎没有什么惊喜——将路由器放在家里的中心位置，这种方法使信号更容易到达家里的每个地方。携带着表情包射向你电脑的无线电波每20厘米就重复一次，这意味着它们的强度在穿过墙壁之后会减弱。因此，如果你想拥有最好的信号，请确保你在路由器的范围内。由于电源插座往往被藏到房间的角落，你可以考虑用一条加长线，将路由器放置在远离墙壁的位置。如果你真想找到最佳地点，可以下载科尔的名为"WiFi解决方案FDTD[①]"的安卓APP程序，并且上传你住所的平面图来定制个人最佳路由器位置。

保持你的路由器离开地面也很重要。许多现代设备都朝下方发射信号，这意味着地下室里的老鼠可能比你的信号要好。同样地，不要将你的路由器放在其他电子设备附近。它可能被电磁波干扰并降低你的信号强度。

最后，考虑换一下你路由器发射Wi-Fi信号的频道。尤其是在那些塞满了人的大城市公寓区，电波同样会被堵塞。如果这个街区的所有人都用同一个频率发射信号，那么你们很可能正在互相倾轧。改变路由器的频道是一项不太费力的事情，网上有很多指导方法来教你怎么做。但假设至少有11个频道可供选择，你应该选哪一个呢？答案是下载一些能扫描周围环境并显示哪个频道信号使用最少的软件——这一般就是你想要的频道了。

① 时域有限差分法（FDTD）是1966年K.S.Yee发表在AP上的一篇论文建立起来的，后被称为Yee网格空间离散方式。核心思想是把带时间变量的Maxwell旋度方程转化为差分形式，模拟出电子脉冲和理想导体作用的时域响应。号称目前计算电磁学界最受关注、最时髦的算法，但还在发展完善之中。

HOW TO CHOOSE A GOOD PASSWORD
如何选择一个好密码

尽管多年以来总有人建议我们加强密码强度,但似乎没有很多人真正听取了建议。虚拟主机公司WP Engine出手研究了由安全顾问马克·伯内特搜集的包含1000万个被泄露密码的数据库。他们的研究发现,只有0.6%的密码是简单的"123456"……

最常见的密码包含数字和字母,而且10个最常用的数字和字母独占了1.6%;8.4%的密码以一个0到99之间的数字结尾,而且其中20%都是数字"1"。

WP Engine也发现人们对图形很着迷。虽然"1qaz2wsx"可能看上去是一个非常谨慎的密码,但当你发现它是由相邻的键盘按键组成时可能就不这么认为了。用这种方式组成密码被称为"遛键盘",黑客们可以很轻松地破解它。"Adgjmptw"名列最顶级的20个遛键盘密码之一,但它是唯一一个不遛QWERTY电脑标准键盘的一个。你能确定它遛的哪个键盘吗?(答案在最后)

然而,这些都是差劲密码的例了,那么什么样的密码才好呢?尤其是你需要一个能记住的密码。在2011年的一项研究中,来自卡内基梅隆大学的解析分析软件工程技术领队萨兰格·科曼迪瑞和同事们找到了答案。参与者们根据一系列包含"复杂8位"等不同的设置规则生成了12000个密码,密码长度至少有8位,包含大小写字母、一个数字、一个符号并且不包括单词。例如"Tgfq1&Ha"。

如果你认为这些规则很复杂,那么你是对的。研究者们发现,只有18%的参与者第一次就生成了一个合适的复杂八位密码。实际上,25%的人在成功设置密码之前就放弃了。当然,如果他们努力设置的密码安全性高,他们就能获得奖励。所以,科曼迪瑞将复杂8位与其他包括基本8位和基本16位——密码长度最短8位和16位——而没有其他要求的密码规则相比较。研究者们随后将这些密码

最常用的50个密码

1. 123456	11. 123123	21. MUSTANG	31. 777777	41. HARLEY
2. PASSWORD	12. BASEBALL	22. 666666	32. F★CKY★U	42. ZXCVBNM
3. 12345678	13. ABC123	23. OWERTYVIOP	33. QAZWSX	43. ASDFG
4. OWERTY	14. FOOTBALL	24. 123321	34. JORDAN	44. BUSTER
5. 123456789	15. MONKEY	25. 1234567890	35. JENNIFER	45. ANDREW
6. 12345	16. LETMEIN	26. P★S★Y	36. 123QWE	46. BATMAN
7. 1234	17. SHADOW	27. SUPERMAN	37. 121212	47. SOCCER
8. 111111	18. MASTER	28. 270	38. KILLER	48. TIGGER
9. 1234567	19. 696969	29. 654321	39. TRUSTN01	49. CHARLIE
10. DRAGON	20. MICHAEL	30. 10AZZWSX	40. HUNTER	50. ROBERT

交给两种不同类型的黑客来破解。

最难破解的是哪个？基本16位。即使再经过100亿次猜测之后，这些密码也只有12%被破解。相比之下，复杂8位被破解了22%，基本8位被破解了60%。所以不仅仅是大/小写字母、数字和符号让用户感到更沮丧，它们所提供的保护似乎也不如一串16位的小写字母。所以Tgfq1&Ha不如随机的4个单词串联在一起形成的16位字母，例如redpiggolfcheese。围绕这些单词编造一段故事能帮助你记住它——一头红色的猪用高尔夫球打一块奶酪就是一个令人非常难忘的画面。

答案：Adgjmptw是遛了手机的9键按键，按2—9的顺序按键产生的。

 8.4%的密码 以一个0到99之间的数字结尾

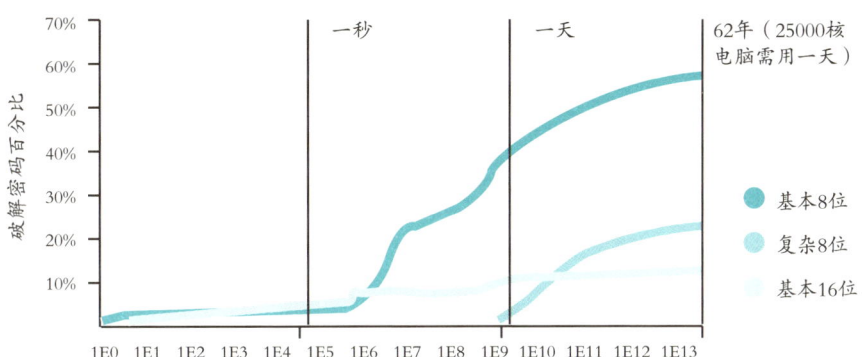

密码生成策略。猜测结果

一秒　　一天　　62年（25000核电脑需用一天）

基本8位
复杂8位
基本16位

密码正在走向死亡

我们的建议都很好，但恐怕密码即将迎来它们的终结之日了。我们的孩子和孩子的孩子可能会一直嘲笑我们，因为我们需要输入一串任意的字母和数字来获取我们最宝贵的信息。

我们已经见证了这一进化的开端。2016年，脸书在一个工业发布会上宣布了他们账户工具的诞生。不用输入密码登录而是输入你的电话号码，随后系统会发送一个确认代码到你的手机上让你用于登录。

手机银行软件现在开始通过你手机上的触摸板识别你的指纹来让你登录账户。大银行也忙于开发更进一步的技术，通过手拿和使用手机的方式来鉴别你的身份。脸部和虹膜识别技术也不再遥远。

以上这些并不令人吃惊，因为人们痛恨密码。调查显示，70%的人在一个月内需要点击两次"我忘记了密码"这个按钮。假如我们的技术不再需要我们提供详细的不方便凭据就能自证身份，那么可能某一天我们会像在这里怀念8字节字母一样对密码充满怀旧之情吧。

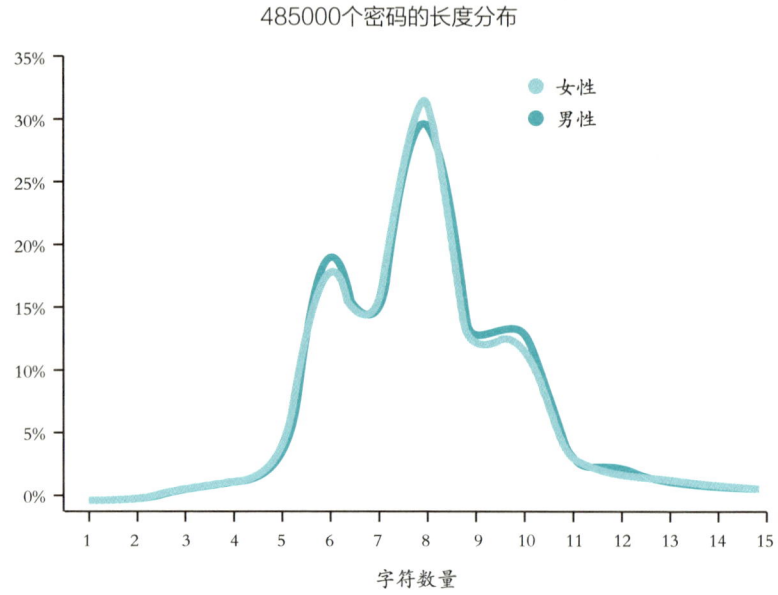

485000个密码的长度分布

女性
男性

字符数量

用基本16位原则

创建的密码最难被破解

ARE VIDEO GAMES GOOD FOR YOU?
电子游戏对你有好处吗

> 电子游戏是极客王国的核心，但媒体总是对它们持消极看法。我们常常看见头条报道警告说，最新版的射击杀绝类游戏已经把孩子变成了新一代的暴力分子和嗜血的恶棍。

然而，这些声讨真的有严谨的科学理论支持吗？老实说，科学圈的观点分成两派。某些研究结果表明，暴力电子游戏与增加攻击性行为之间有关联，而其他的研究没有发现其中有任何联系。但是，应当充分强调的是，那些发现了关联的研究并不能完全确定攻击性是由玩游戏造成的。

这是一个典型的"相关与因果"的难题。举一个著名的例子，在澳大利亚的夏天，鲨鱼袭击事件与冰淇淋的销量会同时增加。因此就说购买越多的冰激凌就会造成越多的鲨鱼袭击（反之亦然），这当然是很荒谬的。实际上，有一个更深层次的原因在发挥作用——气候变暖很可能是导致这两项增长的共同原因。在电子游戏的问题中，也可能有其他因素在其中发挥作用，例如家庭背景或心理健康状况。美国心理学家协会在2015年发表的一项报告中，关注了有关这个主题的100项研究，最终得出了电子游戏与攻击性存在关联的结论，但还需要更多其他研究结论的支持。研究者们进一步表明，电子游戏只是造成过激行为的众多原因之一。

事实上，玩电子游戏所花费的时间，而非电子游戏的内容，是更值得注意的问题。根据牛津大学的心理学家们发表在《流行媒体文化心理》杂志的研究成果，如果孩子每天花超过三小时的时间玩电子游戏，就会变得极度兴奋，甚至倾向于参与争执并且不关心学业。

> **小窍门**
>
> ✓ 变换游戏的种类——策略类游戏可以提高你的问题解决能力，而动作类游戏可增强你的脑内连接。
>
> ✗ 不要花过长的时间玩游戏——这会对你的健康造成不利的影响。

这与游戏的种类无关。相反，他们发现每天玩游戏的时间在一个小时以内是有益处的。

越来越多的证据说明玩电子游戏也有好处，下面这一部分就与此有关。2013年美国心理学家协会回顾了有关游戏的正面影响的研究。他们的研究结果被刊登在《美国心理学家》杂志上。他们发现，射击绝杀类游戏能够提高玩家从三维角度观察事物的能力。2013年的一项研究还发现，玩策略类游戏的儿童，一年后解决问题的能力和学习成绩都有所提高。这一观点在2015年受到广泛关注，原因是一篇发表在《自然》杂志旗下的期刊《科学报告》上的论文表明，周期性的游戏玩家比不玩游戏的人拥有更多的灰白质和更强的脑内连接。

因此，权衡利弊，似乎玩电子游戏也有好处，只要你不是一天到晚地玩。正应了那句老话：凡事要有度。不过，对全世界的极客来说，这是个好消息！

IS SOCIAL MEDIA GOOD FOR YOU?
社交媒体对我们真的好吗

未来的人会如何回顾今天的事件？此时此地，有哪些事会被记住？20世纪60年代，美国主要以性自由、嬉皮士和伍德斯托克音乐节为代表。当你想起70年代，你的脑海中会浮现出迪斯科[①]和喇叭裤。同样的，提到80年代，垫肩、新浪漫主义风格[②]和休闲服都会在脑海中一一闪现。

  如今，这个时代可能被记住的是铺天盖地的社交媒体。当然，推特和脸书都已经正式推出淘气精灵社交软件，但根据皮尤研究中心[③]的调查，仅有7%的美国成年人正在使用社交网络。截至2015年年底，这一比率变为65%，世界范围内有15亿脸书用户。

  然而，能随时了解其他人的动态，对我们来说是好事，还是坏事呢？2012年，英国索尔福德大学商学院的研究者调查了近300人的社交网络行为。27%的受访者认为，使用这类网站对他们的行为有不利影响。其中大部分人认为，在与别人比较的过程中，他们感到更加自卑。自我价值主要取决于社会比较这一观点并不新鲜，早在20世纪50年代，心理学家利昂·费斯廷格已经证实了这一点。不过，存在争议的是，在社交网络时代到来之前，这种比较从未离我们这么近。

  你需要记住的是，你朋友的社交信息绝对没有反映他们的真实生活——他们会精心挑选出自己的耀眼时刻展现出来。众所周知，人们更愿意展现积极情绪，掩盖消极情绪。2011年《人格与社会心理学》杂志上发表的一篇论文不仅支持了这一观点，还提出，我们常常高估了他人生活中阳光的一面。这真是一个双重打击：不只是你的社交网络朋友只会发布自己最好的一面，而且你还不善于对他们发布的内容进行评估。

某些人的生活可能是你从小学毕业之后就再也没有亲眼见的，如果你仅仅根据自己短暂的一瞥，就将其与自己的生活相比较，这实在不妥。2014年《社会和临床心理学》杂志上发表的一项研究发现，事实上，导致这种攀比行为的深层次原因是某些人花更多的时间浏览脸书，这与抑郁症也有一定的关系。科隆大学的另一项发表在这本杂志上的研究表明，这种攀比行为的影响在有抑郁症征兆或者自卑的人群中更为明显。

在青少年中，这一问题会变得更加严峻。2015年，英国国家统计局的一项研究发现，在社交网络上花更多时间的青少年会加重其抑郁程度。他们还发现，花很少的时间或几乎不花时间在诸如脸书和推特之类的社交网络上的孩子，仅有12%患有心理疾病。而每天花费三小时以上浏览社交网络的孩子，患抑郁症的比例上升到了27%。当然，我们应该谨慎些，不能轻易越过相关/因果的谬误，而直接说是社交网络导致了抑郁症；但很显然，在社交网络中与他人的简单对比是不能够帮到抑郁症患者的。2015年，由格拉斯哥大学的希瑟·克莱兰德·伍兹教授进行的一项研究发现，沉迷社交网络与睡眠质量差、自卑和高度焦虑抑郁之间存在一定的联系。

你所拥有的网友数量有影响吗？网友交往与面对面交往相比如何呢？结论不太好。2013年，学者们调查了5000名加拿大人关于他们的整体幸福感与社交网络活动之间的关系。他们得出的第一个结论是，现实生活中的朋友可以提升我们的主观幸福感，即使在控制了收入、地域和个性差异后，结论依然成立。比方说，现实生活中的朋友数量翻倍后会带给我们额外的幸福感，相当于收入增长50%达到的效果。但网友的数量与幸福感几乎无关。发表在《科学公共图书》杂志上的一篇文章认为，相对于已婚或同居的人，现实生活中的朋友对单身、离异、分居或丧偶的人的影响力更为明显。

面对以上这些例证，似乎反对社交网络的案例都证据确凿。可我们还是不能匆忙地得出结论。回到2012年，名为"常识传媒"[4]的儿童保护团体调查了1000多名13岁到17岁的孩子。下页表格是他们的调查结果的节选：

因此，就青少年自己来说，社交网络的好处大过坏处，而且我们要感谢社交网络让我们少了那么一点点孤独。这一结论源于2013年发表在《社会心理学和人格科学》上的一篇文章。研究人员将参与者分成两组,并同时监测两组的情绪和感觉。其中要求一组在脸书上比平时更频繁地发布近况,而另一组没有得到任何指令。观察结束时,第一组参与者的孤独感显著降低。

社交网络是现代生活相对新鲜的附属品,而且研究人员还在跟踪它所带来的其他影响。当社交网络的功过与否还没有定论时,在看朋友的状态时你应该将内容缩缩水。同时,请花更多的时间结交线下朋友,而不是线上朋友。

社交网络使人们	百分比
……感觉不那么害羞	29%
……感觉更害羞	3%
……更活泼	28%
……没有以前活泼	5%
……更自信	20%
……没有以前自信	4%
……觉得自己更棒了	15%
……觉得自己更差了	4%

① 英文是disco,由唱片播放出来供人跳舞的音乐,起源于60年代的法国。
② 主要是指服装风格,以细腰丰臀为特点,有大而多装饰的帽饰,注重整体线条的动感表现,是服装能随人体的摆动而呈现出轻快飘逸之感。
③ 美国的一间独立民调机构,总部设于华盛顿特区。该中心对那些影响美国乃至世界的问题、态度与潮流提供信息资料。
④ Common Sense Media,新加坡非营利组织,致力于向家庭提供针对儿童的安全的科技和媒体服务。

HOW TO BE MORE SUCCESSFUL ON TWITTER
如何在社交媒体上取得成功

> 与脸书一样，推特、微博、朋友圈已经改变了我们的网络交流形式。脸书最初只是想让我们与熟人保持联系，而推特打通了我们几乎与所有人的联系。毫无疑问，那些知名人士在网络上拥有最多的追随者，其中最成功的人拥有数以千万的粉丝。

你既不是名人，很可能也没有很多粉丝——80%的推特用户只有不到十个粉丝。2013年奥莱理传媒①的一项研究显示，拥有1000个粉丝就可以跻身前4%的热门推特用户中了。那么如何攀登这条社交天梯呢？

2013年，佐治亚理工学院的电脑科学家C.J.赫托发起了一项研究，通过观察和分析50多万名推特用户的推特行为，得出哪些因素会导致吸粉或掉粉。

首先，他们发现以下因素会导致粉丝减少：

• 只有传播，没有互动。推特的真正力量在于它是一个交流的工具。不提及其他人，也不回复别人的内容，就会发现有很多难取悦的粉丝选择离开。

• 过分悲观。比起坏消息，人们更希望听到好消息。

• 乱用符号。一个慎重选择出来的符号可以成为点睛之笔。但是，如果#在你的内容中#全部使用符号#会非常令人讨厌，你自己也会觉得这是很尴尬的#发推特的建议#LOL②。

• 只说自己的事儿。内容中有很多"我"的字眼会掉粉。

HELLO, WORLD

如果你已经躲过了这些陷阱，那么你就拥有了一个好的开始。但根据赫托的研究结论，还有其他积极的做法可以帮助你吸粉：

- 获得转发。如果你现有的粉丝在他们的页面分享你发的内容，那么这样可以提高你在潜在新粉丝中曝光的概率（这部分接下来会详细说明）。
- 成为一个信息的资源。这意味着要分享一些其他网站上有趣的内容链接。研究发现，发布有趣内容产生的正面效应，是一直使用"我"所造成的负面效应的30倍。
- 将推特个人化。简介中有详细个人描述以及个人网页链接的用户会有更多的粉丝。

做到所有这些，你就可以在成为推特达人的路上越走越顺。但如何才能让别人在推特上转发你的内容呢？在位于加利福尼亚的帕洛阿尔托研究中心[③]，研究员苏邦晚和他的同事给出了答案。他们分析了7400万条推特内容，而且他们得出的结论中有很多支持我们之前提供的建议。其中一个主要影响因素就是URL链接或符号（当然不能太多）。比起分享你午餐吃了什么，人们更愿意分享一个有趣的内容链接。还有一个可以尝试的方法就是直接请求别人转发你的内容——这是一个意想不到的有效策略。根据自称为社交学家的丹·扎拉雷的观点，加上

✓ 浏览WWW.GEEKGUIDETOLIFE.COM来寻找一些很棒的建议

✓ 这里是如何在推特上取得成功#《极客生活》

✓ 感谢@《极客生活》的建议！

✗ 所以#你#认为#你#会#发#推特吗？#天哪#糟糕的#符号

"请转发"的字样就会将真正被转发的概率提高4倍。

当然，如果你想扩展你的推特社交网，你也可以持续关注@《极客生活》(@geekguidetolife）以及它的作者@skyponderer和@munkatelooi。

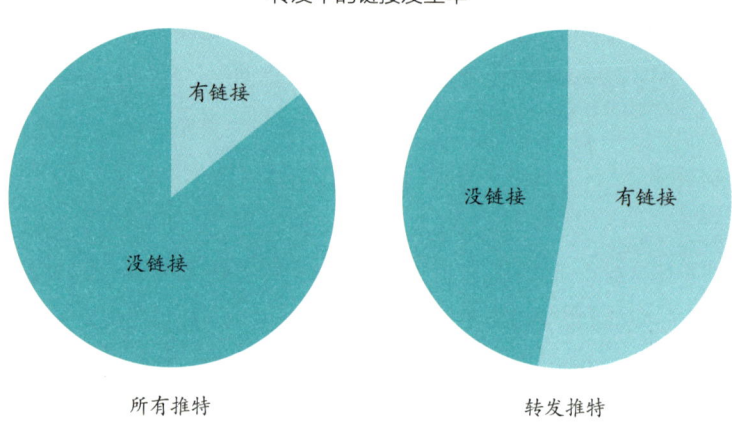

转发中的链接发生率

所有推特　　　　　　　　　转发推特

① O'Reilly Media，国际化的综合性媒体平台。通过图书、线下活动、线上课程、直播、传教等形式，传播经济、科技、安全、艺术等多方面的知识。
② Laugh Out Loud的缩写，大笑的意思，流行网络语之一。
③ 帕洛阿尔托研究中心是许多现代计算机技术的诞生地,他们创造性的研发成果包括：个人电脑、激光打印机、鼠标、以太网；图形用户界面、Smalltalk、页面描述语言Interpress（PostScript的先驱）、图标和下拉菜单、所见即所得文本编辑器、语音压缩技术等。

The
Geek
Guide
To Life

剪切备忘清单
并保留

倒番茄酱的最好方法是什么
1. 盖着瓶盖,把瓶子底朝上。
2. 晃动几下,然后打开瓶盖,向外倒番茄酱。

如何泡出一杯极佳的茶
1. 把散装的茶叶放在预热的茶壶里冲泡三分钟。
2. 在茶杯里加入牛奶。

石头、剪刀、布轻松制胜
1. 保持出手随机。
2. 闭上眼睛玩。

如何识别骗子
1. 注意力分散可以提高准确率。
2. 注意无意识的偏见。

如何煮出完美的鸡蛋
1. 把鸡蛋放在60度至66度的锅里。
2. 参考煮鸡蛋曲线表。

如何实现少吃
1. 想象你已经吃了很多你要吃的食物。
2. 在观看悲伤的电影时避免吃零食。

多少性爱才合适
1. 大约一周一次会改善心情。
2. 多于一周一次的性爱,幸福感并不会提高。

电影院里的最佳座位是哪个
1. 从前往后三分之二距离的中间座位。
2. 如果中间位置满了,左边的位置可能不太拥挤。

热天如何降温
1. 如果你静止不动,热饮比冷饮降温的效果更好。
2. 避免喝让你脱水的饮料,譬如咖啡。

想在运动场上获胜吗?穿红色
按照产品标牌上说的做。

你该相信"五秒惯例"吗
1. 如果你是小孩子或者上了年纪的老人,就不要相信。
2. 如果你从瓷砖地板上捡起了湿的食物,那也不要相信。

如何成为打水漂大师
1. 将光滑、扁平的石头,按照石头和水面呈20度角,以2.5米/秒的速度扔出。
2. 第一次弹跳应该在距离投掷点4.5米以内。

如何成为了不起的大富翁玩家
1. 购买橙色财产。
2. 抢购车站。

最好的时代:以"计算"定终身
1. 约会并拒绝前37%的潜在"伴侣"。
2. 如果你追求的是好伴侣而不是伟大的伴侣,可以将这个比率调整到30%。

如何成为飞镖高手
1. 如果你瞄准特定区域的三支镖经常低于39分,你最好试试随机投掷。
2. 如果能保证投出的三支镖都命中瞄准区域或者相邻区域,你应该瞄准七分区。

如何停止咬指甲
1. 分散注意力,嚼口香糖,或者玩球。
2. 让咬指甲行为变得不可能实现,戴上手套。

如何停止脑内循环的音乐
1. 将你的思维强行转回到需要花费更多脑力的事情上，譬如做数独游戏。
2. 嚼口香糖。

如何克服酒醉
1. 别喝混合酒。
2. 先吃点东西，尽量多喝水。

如何不用GPS进行导航
1. 在北半球利用北极星导航；在南半球利用南十字座导航。
2. 白天则用一个影子贴。

如何堆出最好的沙堡
1. 不要用桶和铲子建造沙堡，用手可以把沙子堆得更牢固。
2. 将基底的宽度放宽三倍能让你将沙堡的高度提高大约两倍。

关于成功婚姻的科学解读
1. 说"谢谢你"。
2. 使用夫妻共同认可的词语"我们"。

如何在"探探"（或其他约会网站）上左右逢源
1. 一定要在你的照片上多花点时间，多下点功夫。
2. 写写你是谁，还有你想找个什么样的伴侣，两者比例为70：30。

如何不让耳机线缠绕
将耳机线耳塞下部的电线夹住。

如何折出完美的纸飞机
1. 使用100克重/平方米的A4激光打印纸。
2. 机翼靠近尾部和头部的衔接处角度应为165度。机身位置（与机翼成一条直线处）的机翼衔接处角度为155度。

看哪种书更好：纸质书还是电子书
1. 读纸质书对书的内容理解得更透彻。
2. 读电子书不容易入睡。

如何不再被洋葱呛出眼泪
1. 在切洋葱之前，把它在冰箱里放一会儿，用一把非常锋利的刀去切，不要切洋葱根部。
2. 在风扇附近切洋葱。

如何完美处理分手
1. 不要堕落，花些时间反思一下这次恋爱经历。
2. 吃些巧克力。

如何选择车辆颜色
什么颜色都可以，就是不要选择黑色。

怎样给冰箱里的食物分类
1. 将生肉和鱼储存在冰箱的下半部分。
2. 不要把牛奶放在冰箱门上，不要把水果和蔬菜放在冰箱顶部。

如何通过唱卡拉OK和跳舞来交朋友
1. 一起唱歌、跳舞会加深友情。
2. 跳舞时，头和身体要协调一致地移动。

如何最恰当地摆放洗碗机中的餐具
1. 沾有碳水化合物污渍的物品放在顶层架子的中间；沾有蛋白质污渍的物品放在洗碗机底部架子的边上。
2. 不要预先冲洗，不要将餐具装得太满，不要阻塞旋转臂。

上下班的最佳方式是什么
1. 不是万不得已不要开车。
2. 走路是最幸福的方式。

在易趣（eBay）上买卖的最佳策略
1. 买方使用狙击软件，不要竞拍红色背景的物品，如果物品是以整数为初始价格，你可以放心与卖家讨价还价。
2. 卖方的做法正好相反。

如何讨价还价
坐在较硬的座位上，要保证你的最初报价不是整数。

如何存钱
1. 思考时间不是线性的而是周期性的。
2. 存款目标按照天计算，而不是按照年计算。

如何应对时差
1. 在旅行前，调整你的休息时间和苏醒时间。
2. 不喝咖啡和酒。

购买消费体验而不是购买物品
你会更幸福。

极客感冒发烧指南
1. 喝热饮料，尤其是汤类。
2. 如果你必须擤鼻涕，轻一点，一次一个鼻孔。

如何分账单
1. 采用AA制。
2. 或者采用马特·帕克的"标准食品单位"方法。

怎样变得更自信
采用超人般的站姿，听听皇后乐队的音乐"将你震撼"。

在雨中应该跑还是走
1. 在雨中尽可能地快跑是最安全的。
2. 如果雨在你身后，那你跑的速度要与风一样快。

如何让食物更加美味
1. 播放合适的音乐。
2. 刀叉餐具要重一点，要用白色的圆盘子。

为什么要把钱捐给慈善机构
因为它给你的快感与做爱和吃巧克力一样。

如何在饭店里消费更低
1. 留意菜单上的"定价心锚"，它们的影响力很大。
2. 留意金发女郎服务员的礼物。

人们需要多少财富才能幸福
1. 年收入超过75000美元后不会增加任何幸福感。
2. 成为贫穷地区最富有的人，而不是富有地区最贫穷的人。

改善Wi-Fi信号的方法
1. 将路由器放在房子中间，远离墙和电气设施。
2. 将路由器发射Wi-Fi信号的频道调整到不太拥挤的频道。

如何更好地在公共场合发言
1. 设想一下一个成功的公共演讲的必要步骤。
2. 在演讲的前几天或者前几周进行一定的性爱。

如何提高记忆力
1. 记住别人名字的关键是向其他人大声地说出这个人的名字。
2. 喝咖啡、嚼口香糖、涂鸦。

如何选择一个好密码
1. 避免"123456",避免直接用英文口令单词"password",避免采用"遛键盘"的方法。
2. 十六位字母比八个字母加八个数字更好。

社交媒体对我们真的好吗
1. 不要将你的生活与当下走红的某人的生活相比较。
2. 线下的友谊比线上的友谊更容易让你感到幸福。

电子游戏对你有好处吗
1. 暴力电子游戏与增加攻击性行为之间没有具体关联。
2. 限制玩游戏的时间,不必太在意游戏的内容。

如何堆出最好的沙堡
1. 与别人进行交流,别只顾谈论自己。
2. 发布包含链接的话题,要求对方在社交媒体上将话题内容转发。

怎样找到正确的方法在工作面试中脱颖而出
1. 第一次握手要有力,手要温暖。
2. 衣服要穿黑色和蓝色,不要穿橙色。

如何构建自己的关系网以取得事业成功
1. 融入一个大的开放式交际网,而不是小的封闭式交际网。
2. 最成功的人士是交际网的中间人。

如何克服拖延症
1. 不要为过去的拖延而过分责怪自己。
2. 不要在事后陷入了盲目分析中,然后在新任务面前又重犯拖延的毛病。

交通堵塞时应该变道吗
1. 是的,只要车的数量不是特别多。
2. 虽然变道可以在某些情况下让你更快到达目的地,但不停地变道也增加了事故的风险。

如何避免有"饥饿感"
1. 如果你心情不好,想吃东西,那么看看上一次吃东西是什么时候。
2. 如果实在想吃,就拿一包较少的零食。

如何在超市里省钱
1. 列出购物清单,然后严格按照清单购物。
2. 戴上耳机,看看货架顶端和底端的所有商品。

如何学习另一种语言
1. 重复听新的词汇,读出单词,让你的发音得到反馈,从而实现更快速地学习。
2. 持续与说母语的人交流。

怎样使自己更具说服力
1. 向他人说明做事的理由,说清楚为什么,用请求而非命令的语气。
2. 让别人跟着你点头。

何时买机票更划算(以及如何选座位)
1. 在七周之前购买,不要购买周五的票。
2. 坐在飞机后三分之一的位置,靠近走廊,离紧急出口不到五排。

你究竟需要多长时间的睡眠
1. 严格遵守作息表,周末也一样。
2. 警惕影响睡眠的因素,如酒精和咖啡因,中午可以睡20分钟。

你究竟需要多大的运动量
1. 每天运动15分钟。
2. 根据自己的情况采取适当速度的运动。

何时回复约会信息为最佳
1. 先等等。
2. 大约等10至60分钟。